KB189111

명성 스님 수행록

명성 스님 수행록

김광식 지음

불광출판사

명성 스님 진영(명사 품서)

2부 인연으로 본 나의 삶

이 책의 기획, 인터뷰, 녹취록 정리, 편집을 하면서 필자는 이 책 출간의 전후 사정, 의의에 대하여 기록을 남기고자 한다. 후일 이 방면의 연구 및 사업에 이 글이 참고가 될 것을 믿기 때문이다.

필자는 한국 근현대 불교사를 연구하면서 자료의 중요성을 깨달았다. 자료의 부재, 부실은 연구 및 분석을 불가능하게 한다. 그래서 중요하게 인식된 문건, 문서의 기록 수집에 머물지 않고 다양한 자료(사진, 증언 등) 수집의 확장을 시도했다. 그런 과정에서 나온 것이 인터뷰, 증언 채록, 증언집 발간의 추진이었다. 덕분에 적지 않은 성과물을 펴냈다.● 그런데 기왕의 증언 자료집은 주로 비구스님(청담, 동산, 한암, 탄허, 희찬, 보문, 춘성, 석암, 벽안, 관응, 자운, 경봉)에 머물렀다.

그래서 비구니스님에 대한 탐구, 접근의 부재를 아쉽게 여겼다. 그런데 비구니스님에 대한 연구, 자료집 발간, 증언 채록 등은 전반적으로 부진하였다. 자료가 부재하니 연구를 할 수 없는 것이 솔직한 현실이다. 또한 비구니 연구자의 미약, 자료집을 내려는 비구니스님의

● 김광식, 「구술사 연구의 필요성」, 『불교평론』 15, 2003.
　　　「고승연구와 불교 구술사」, 『전자불전』 20, 2018.
이경순, 「근현대 불교 구술사 성과와 과제」, 『불교정화운동의 재조명』, 조계종출판사, 2008.
이재수, 「불교구술사 20년의 회고와 전망」, 『불교평론』 87, 2021.

부재, 비구니스님들의 박약한 역사의식도 문제였다. 이런 현실이 혼재되어서 한국비구니사의 정립은 요원하였다. 그래도 전국비구니회에서 비구니의 삶을 조명한 책자를 간행한 것, 이 방면 연구를 개척한 하춘생의 저작이 있어 다행이다. 그럼에도 불구하고 김일엽 스님의 『청춘을 불사르고』(문선각, 1962), 하춘생의 『깨달음의 꽃』(여래, 1998), 『한국 비구니 수행담록』(한국비구니연구소, 2007), 묘엄 스님의 『향성』(봉녕사 승가대학, 2008)과 광우 스님의 『부처님 법대로 살아라』(조계종출판사, 2008), 『한국 비구니의 수행과 삶』(예문서원, 2007)이 있어 이 방면 사료집 출간의 희망을 보여 주었다. 최근에는 『법계명성 전집』(불광출판사, 2019)이 출간되어 비구니사 자료집에 한 획을 그어 주었다. 그 밖에도 다수의 비구니스님의 회고록이 있어, 비구니사의 조명에 적지 않은 도움을 주고 있다. 그러나 참고 도서는 될지언정 정식의 사료로 보기는 어렵다.

　이런 정황을 파악하고 있었던 필자는 비구니스님이 직접 회고ㆍ서술ㆍ증언한 자료집 발간을 궁리하였다. 불교 현장을 생생히 전하는, 학술 논문에서 인용이 가능한, 비구니스님이 겪은 사실(출가, 수행, 애환, 도전, 결실 등)을 전하는 내용이 담긴 자료집을 펴내고자 하였다. 그래서 이번에 명성 스님과 협력 관계를 맺고서 펴낸 이 책자는 다음과 같은 측면에서 역사적 의의를 갖는 것이다.

첫째, 명성 스님은 한국 현대 비구니사에서 가장 중요한 인물이다. 명성 스님의 위상, 영향, 중요성은 널리 알려졌기에 필자는 재론하지 않겠다. 이미 스님에 대한 다수의 저작물이 나왔다. 최근에는 명성 스님의 관련 기록을 묶은 『법계명성 전집』이 나왔다. 그렇지만 필자는 명성 스님의 육성 증언에 의한 회고록이 없음을 아쉬워했다. 필자는 관응 스님의 증언록인 『관응 대종사 황악일지록』(관응문도회 편, 2018)을 펴낼 때 명성 스님과 수차례 만났다. 왜냐하면 관응 스님은 명성 스님의 부친이기 때문이다. 그때 쌓은 신뢰가 이번 책자 발간을 가능하게 하였다.

둘째, 명성 스님의 이 책은 한국 비구니사 정립의 초석이 될 것이다. 비구니사의 정립은 관련 기록, 문서, 증언, 회고 등이 차곡차곡 쌓이고 집성될 때 가능하다. 그래서 관련 자료를 정리한 사료집 출간이 절대적으로 요청된다. 이런 사료, 사료집이 다수 생산되고, 그에 의한 연구가 충실하게 추진되어야만 비구니사의 근간이 만들어진다. 이런 기초 작업이 견실하게 이루어지지 않으면 비구니사 정립은 불가능하다. 그래서 이 책은 비구니 증언사료집 정립의 모범이 될 것이다.

셋째, 명성 스님의 이 책은 명성 스님 개인 역사에서뿐만 아니라 운문사, 운문사승가대학, 비구니 교육의 역사에 충실한 자료가 될 것이다. 명성 스님의 일생은 그 자체가 기념비적인 생애이다. 동시에 스님은 운문사에서 50년 이상을 주석하면서 강사, 강주, 학장, 대학원장, 주지, 회주 등을 역임한 산 증인이다. 즉, 명성 스님의 회고에서 현대기 운문사의 모든 것(역사, 문화, 지향, 비사 등)을 찾을 수 있다.

이상과 같은 뜻을 갖고 있는 이 책을 펴낼 수 있음에 필자는 부처님의 가피를 절실하게 느끼고 있다. 필자가 이 책을 준비할 때는 코로나 사태가 극성이었지만, 명성 스님은 노년임에도 불구하고 흔쾌히 인터뷰에 응하였다. 그럼에도 인터뷰 진행에는 많은 어려움이 있었다. 그 난관을 이겨낼 수 있도록 도와준 제불 보살의 음덕에 감사를 드린다. 무엇보다도 명성 스님의 적극적인 역사의식이 있었기에 이 책이 나왔음을 청사에 기록한다. 한편 이 책 후반부에 수록된 관응, 탄허, 자운 스님과의 인연 이야기는 수년 전에 발간된 해당 스님들의 구술 증언록에 수록된 것을 수정, 보완한 것임을 밝힌다.

필자는 차후에도 명성 스님, 운문사, 비구니사 연구에 적극적으로 나설 것을 대중들에게 약속드리면서 여기에서 펜을 놓고자 한다.

2023년 5월
동국대 연구실에서 김광식

1
부

회고로
본
나의 삶

청소년 시절
꿈을 키우다

스님의 고향과 가족관계에 대하여 말씀해 주세요.

● 제 고향은 경상북도 상주군 외서면 봉강리입니다. 아버님은 전재영(全在英, 관응 스님)이고, 모친은 정오종(鄭五終)인데 저는 1녀1남 중 첫째 딸입니다. 부친은 옥천 전씨이고, 모친은 진양 정씨입니다. 모친이 태어난 곳은 울산입니다. 저는 1930년 11월 15일(음력)생이고 속명은 전임호(全姙鎬)입니다. 남동생은 전천호(全天鎬)인데 저보다 9살 아래로 태어났습니다. 저는 23살에 입산 출가해서 지금껏 스님으로 살아왔지만, 제 동생은 대구 능인중고등학교의 행정실장으로 27년간을 근무했었지요.

부친은 대강백으로 유명한 관응 스님이신데, 집안의 배경에 대해서도 알려 주세요.

● 상주군 외서면 봉강리는 옥천 전씨들이 부락을 이루면서 살던 집성촌입니다. 저는 집에서 할아버지와 같이 살았는데, 집에는 일꾼 두세 명을 두고 농사를 지었던, 그래도 경제적으로 넉넉한 가문이었어요. 그래서 집집마다 한문도 가르치고, 붓글씨도 쓰던 선비 집안이었어요. 학자들

의 집안인가 봐요. 이런 배경에서 관응 스님과 제가 자란 것이지요.

그 시절 관응 스님에 대한 기억은 없습니까.

● 제가 일곱 살 때 노장님께서 상주 집에 와서 열흘간 머물렀어요. 그때 서울 구경을 시켜준 것입니다. 처음으로 기차를 타고 가는데, 나는 가만히 있는데도 논과 밭이 자꾸 달려가는 것을 느끼게 되었어요. 서울 구경을 하였는데 백화점도 가보고, 바나나도 처음으로 먹어 보았지요. 제 모친인 정각심 보살과 같이 갔습니다. 구두를 신고 갔는데, 그래도 서울 애들은 저를 촌에서 왔다고 놀리더라구요. 스님은 출가한 분이고, 냉정한 분인데 그렇게 정각심 보살과 저에게 서울 구경을 시켜 준 것이 지금 생각해도 매우 고마운 마음이 듭니다. 언제인가 사진을 정리하다 보니, 저와 정각심 보살 그리고 스님이 함께 찍은 사진이 나오더라구요.

혜화전문(동국대 전신) 시절의 관응 스님.
관응 스님은 명성 스님의 부친이다.

스님 유년 시절의 배움에 대해서 회고하여 주세요.

● 기억은 어렴풋하지만, 할아버지에게 단독으로 천자문을 배웠습니다. 글씨를 잘 쓴다고 아버지에게는 칭찬을 받았습니다. 저는 살던 동네에서 조그만 동산 두 개를 넘어야 갈 수 있었던 외서초등학교에 다녔습니다. 십 리 길이나 되는 거리를 걸어 다니는 것이 너무너무 힘들었어요. 그 시절에는 심상소학교라고 하였지요. 상주 외서심상소학교이지요. 그 후에는 소학교가 국민학교로 이름이 바뀌었다가, 최근에는 초등학교라고 부르지요.

소학교 시절의 이야기를 들려주세요.

● 공부는 잘했던 편이었는데, 산수 같은 시험을 보면 제일 먼저 답안지를 내고 나갔어요. 그 시절의 기억은 세월이 너무 오래되어서 생각나는 것이 별로 없습니다. 그런데 제가 운동회를 할 때 신발을 잃어버렸습니다. 지금도 가끔 꿈에 잃어버린 신발에 대한 것이 나와요. 주사야몽(晝思夜夢)이라고 낮에 생각한 것이 밤의 꿈에, 꿈속에서도 동서남북을 다 찾아도 못 찾아요. 참 신기하지요.

상주 외서소학교에서 졸업을 하셨습니까?

● 아닙니다. 노스님께서 혜화전문학교(동국대 전신)를 졸업하시고, 예천의 연방사(蓮邦寺)라는 포교당의 법사로 가시게 되었습니다. 그래서 저희 가족이 스님을 따라 연방사 포교당 근처로 이사를 가게 되었어요. 그래서 저는 예천의 서부소학교로 전학을 갔습니다. 그 소학교는 포교당에서 그리 멀지 않은 곳에 있었지요.

예천에서의 학교생활은 어떠하셨나요.

● 글쎄요? 공부는 예천에 와서도 잘한 축에 들은 것 같구요. 일본어를 배웠는데, 발음이 좋다는 말은 들었습니다. 산수 과목은 최고 점수를 받았고, 산수에 대한 과외를 하면 제일 먼저 하고 집으로 갈 정도로 잘했던 것 같아요.

그리고 기억나는 것은 선생님이 아버지가 대학교 나온 사람은 손을 들라고 하더라구요. 그러면 저하고, 예천에서 제일 부잣집 아들만 손을 들었던 일이 있었어요. 그렇게 딱 두 명밖에 없었어요.

그 시절엔 일본에 나라를 빼앗겨서 식민지 교육을 받으셨지요.

● 그래요. 그때 대동아 전쟁을 하던 때인데, 학교 선생님들이 우리 학생들에게 산에 있는 소나무에서 나는 송진을 깡통에 담아 오라고 시켰습니다. 그래서 우리는 소나무에 상처를 내고, 깡통을 매달아서 송진을 채취했어요. 송진을 모아서 방학이 끝날 때 갖고 오라고 했어요. 그런 것을 일본 애들에게는 안 시키고 한국 학생들에게만 시켰어요. 일본 사람이 그리 나빠요. 여기 운문사 소나무에도 그런 흔적이 남아 있습니다.

그리고 또 생각나는 것은 우리 젊은이들이 일본 사람을 위해서 징병에 나갈 때 툭하면 그 선생님들이 잘 싸우고 오라고 예천역에 나가서 전송을 했습니다. 우리 학생들을 동원해서 전송하게 했어요. 그 시절에는 창씨개명이라고 해서 우리의 이름을 강제로 전부 일본식으로 바꾸게 했습니다. 누구라도 다 바꾸라고 강제로 하였지요.

기억에 남는 선생님은 있나요.

● 6학년 때의 선생님은 기억이 있어요. 그 선생님이 제가 출가했다는

것을 알고서 여기 운문사로 찾아오셨습니다. 제 이름이 알려지고 그러니깐 알고 오신 것이지요. 당시 경북고등학교 교장선생님이 되셨고, 시인이셨던 부인과 함께 두 분이 같이 오셨어요.

그런데 관응 스님은 연방사 포교당 법사를 하시다가, 일본 용곡(龍谷) 대학으로 유학을 가셨지요.

● 그래요. 제가 예천에서 초등학교를 다닐 때 일본의 용곡대학으로 유학을 가셨습니다. 듣기로는 해인사의 추천을 받아서 종비장학생으로 유학을 가셨다고 그래요. 방학이 되면 귀국해서 집에 오시고 그랬죠. 그것은 기억하고 있어요.

그러면 관응 스님이 일본 유학을 가셨으면, 모친과 명성 스님의 생계는 어떻게 해결을 하셨습니까?

● 그것은 연방사 포교당에서 해결해 주셨습니다. 그 포교당에는 노스님으로 최취허(崔就墟)라는 스님이 계셨습니다. 사실, 이번에 처음으로 말을 하는 것인데 저희가 상주에서 예천으로 이사를 와서는 연방사라는 포교당에서 살았습니다. 포교당의 방 두 개를 얻어서 저희 식구가 썼어요. 그러니깐 관응 스님이 유학을 갔어도 제 학비는 최취허 스님이 대 주셨고, 절에서 절밥을 먹으면서 생활을 하였기 때문에 큰 문제는 없었어요.

연방사 포교당에서 생활을 하셨다는 말은 처음 듣습니다. 자세하게 들려주세요.

● 제가 처음으로 솔직하게 밝히는 것입니다. 연방사 포교당은 작은 절

이었는데, 스님이 되고 그 이후에 가 보니 아주 초라하더라구요. 형편이 없었고, 예전 자취는 안 보였어요. 지금은 용문사 말사인데, 용문사 주지스님이 다시 복원을 한다는 말을 들었어요.

　관응 스님께서 그 포교당에서 신도들을 대상으로 법문을 하시면 저도 어쩌다 듣고 그랬어요. 관응 스님이 법문을 잘하시니깐 신도들이 많이 와서 들었습니다. 최취허 스님은 유명해요. 권상로, 안진호 스님과 같은 레벨이었고 똑같은 유(類)예요. 할아버지와 같은 노스님이었는데, 보살님이 있었습니다. 취허 스님은 날마다 달력의 이면지에 일기를 쓰셨어요. 일기를 한글로만 썼는지, 순 한문으로 썼는지는 제가 어려서 유심히 보지는 못했어요. 그런데 그때 저희와 같이 살 때는 그렇게 유명한 것을 몰랐지요. 저는 그리 훌륭한 것도 모르고 살았어요.

　제가 거기에서 나온 이후에는 뵙지 못하였고, 그 이후에 돌아가셨다는 말은 들었습니다. 저는 최취허 스님이 소장한 책을 지금도 몇 권 갖고 있습니다. 김대현의 저술인 『술몽쇄언(述夢鎖言)』, 『능엄경』 등입니다. 그런 책의 표지에는 연방장(蓮邦藏)이라는 취허 스님의 글씨가 쓰여 있어요. 그리고 그 책의 안에도 취허 스님이 쓰신 어록과 명구가 있습니다. 지금은 취허 스님의 『능엄경』 10권, 무토로 된 책을 갖고 여기 운문사 대학원 스님들에게 가르치려고 준비하고 있습니다.

최취허 스님은 『불자필람』이라는 의례집이 나올 수 있게 한 스님으로 유명합니다.
● 그래요. 최취허 스님은 안진호가 발간한 『불자필람(佛子必覽)』(1931)이라는 의례집을 연방사에서 펴낼 수 있도록 권유한 분입니다. 『불자필람』은 최취허와 안진호가 공동 편찬하고, 권상로와 김태흡이 교정

해서 출간되었습니다. 『불자필람』은 근현대불교 최고의 불교의례집인 『석문의범(釋門儀範)』(1935)의 모태가 되었습니다. 제가 이런 스님과 인연을 갖게 된 것이 자랑스럽습니다.

연방사의 최취허 스님에 대한 회고는 아주 흥미롭습니다. 최취허 스님과 관응 스님과의 연고는 저도 들었습니다. 앞으로 취허 스님에 대한 연구가 나왔으면 합니다. 명성 스님께서 예천에서 초등학교를 졸업하셨는데, 그에 관련된 비사는 없으신가요.

● 제가 졸업반 시절에 학급 대표를 맡았던 것 같아요. 그래서 졸업반이 되면 선생님에게 선물을 사드려야 하기에, 학생들이 모은 돈을 제가 갖고 있었습니다. 그런데 보관하고 있던 돈을 어떻게 하였는지 잊어버렸어요. 그러다가 저녁에 회의를 하면서, 제가 다른 친구에게 그 돈을 맡긴 것을 알게 되었습니다. 또, '편지를 부치고 오라'는 심부름을 가다가도 깜박 잊고서는 그냥 와요. 이렇게 그 시절에는 건망증이 조금 있었어요. 이것은 생각이 단순해서 그런 것이 아닌가 하지요.

관응 스님은 용곡대를 졸업하시고, 월정사 강원의 강사로 부임하신 것으로 알고 있습니다. 그래서 명성 스님에게도 변화가 있지 않았습니까?

● 관응 스님께서 일본 유학을 마치고 귀국하셔서 월정사 강원의 내전 강사로 부임하셨어요. 그리고 월정사 평창포교당의 법사도 겸직하셨습니다. 그때 월정사 강원의 외전 강사로 동국대 원의범 교수님이 있었습니다. 저는 그런 것을 몰랐는데, 제가 동국대 대학원에 다닐 적에 원의범 교수님이 제가 관응 스님의 딸인 것을 알고는 관응 스님과의 인연을 들려주었어요. 당신이 월정사 강원 외전 강사를 하였는데, 당시에 관응

스님의 삭발을 시켜주었다고 그런 말을 해서 알게 되었죠. 관응 스님이 선배이고 그래서 삭발해주었다고 저에게 자랑하더라구요.

그래서 우리 집은 월정사 근처의 회사거리로 이사를 갔어요. 그곳은 나무를 깎는 제재소가 있는 곳이었어요. 그래서 동네 이름을 제재소 회사가 있다고 해서 '회사거리'라고 불렀어요. 그리고 저는 평창 중학교에 입학을 했습니다. 그래서 평창 읍내에 있는 신도 집에 머무르면서 학교를 다녔지요. 그 신도 집에 제 또래인 이영애라는 친구가 있어서 같이 학교에 가서 배웠습니다.

월정사를 가서 본 기억을 들려주세요.

● 월정사 대웅전 앞에 있는 8각 9층 석탑과 앉아 있는 보살상(석조보살좌상)을 본 기억이 있습니다. 그런데 월정사는 6·25 전쟁 때 다 탔어요. 우리 국군들이 인민군이 거주하지 못하게 하려고 불을 놓아 태웠어요. 저는 여학생 때, 불이 나기 전에 본 것이죠. 절에 갈 때는 동생을 데리고 가기도 했습니다. 나이 어린 동생을 떼놓을 수가 없어서, 같이 갔지요. 법당에 간 기억도 있고, 오다가다 월정사를 자주 보았습니다.

그리고 길 건너에 있는 비구니 암자인 지장암에도 가보고 그랬지요. 그 시절 지장암에는 본공 스님이 입승 소임을 보고 있었고, 인홍 스님도 신여성으로 출가하여 그곳에 같이 있었습니다. 제가 지나가다가, 지장암을 가서 봤지요. 길 옆에 있어서, 월정사에서 10분 거리입니다. 얼마 안 멀어요. 그리고 월정사에서는 그때 감무를 보던 영암 스님을 보았습니다. 감무는 지금의 총무입니다. 영암 스님이 그 후에 총무원장을 하셨지요. 제가 그 여학생 시절에 인사를 드리면 저를 똑바로 보셨는데, 눈이 날카로운 스님이셨어요. 그리고 월정사 주지를 하시던 이종욱 스님을 먼발치에서 어쩌다 보았는데, 그 스님의 아들이 동국대 이재창 교수입니다. 제 동국대 박사과정의 지도교수이셨습니다. 저의 첫 지도교수는 김동화 박사님이신데, 그분이 돌아가시게 되어 홍정식 교수님이 대신 해주셨어요. 그런데 홍정식 교수님도 돌아가셔서 이후 이재창 교수님이 지도교수를 맡아주셨습니다.

오대산 상원사에도 가 보셨지요.

● 그럼요. 한번은 모친이 상원사에 기도를 드린다고 해서 방학 때 따라가서 하룻밤을 잔 적이 있습니다. 그때 한암 큰스님을 아침에 뵈었어요. 스님들이 아침 일찍 일어나셔서 야단법석을 하시더라구요. 그때는 스님들이 왜 일찍 일어나서 야단법석을 하시는지 몰랐어요. 뜰에서 만난 한암 스님이 저를 보고 '관세음보살을 자주 불러라' 하셨습니다. 저 같은 여학생에게 그렇게 친절하고 자상하게 말씀을 해 주시더라구요. 요즘 큰스님들은 모르는 일개 여학생에게 그런 말을 해주지 않잖아요. 그리 안 해도 되는데, 그런 말씀을 하시는 것이 얼마나 자비스러워요.

한암 스님은 서울의 봉은사 조실로 계시다가 "차라리 천고에 자취를 감춘 학이 될지언정 춘삼월에 말 잘하는 앵무새의 재주는 배우지 않겠다."고 하시면서 오대산 상원사로 들어오신 스님이십니다. 그리고 상원사에는 궁중의 상궁들이 많이 출입을 했습니다. 그때는 몰랐지만, 그 후에 그것을 알게 되었지요.

평창중학교 시절에서 기억나는 것은 무엇입니까.

● 그때 관응 스님께서 조그만 도회지인 평창의 포교당에서 법사스님으로 법문하시는 것을 가끔 보았습니다. 그 포교당은 새로 지은 지 얼

명성 스님에게 관세음보살 기도를 일러준 오대산 도인 한암 스님(종정).

마 안 된 포교당입니다. 저도 지나가다 들어가 보았지요. 그리고 그 시절, 관응 스님이 구해 주신 위인전 열 권을 읽은 적이 있습니다. 그 위인전 중에서 잔 다르크와 성 프란체스코를 읽고서 아주 감명을 받았어요. 이 두 분은 굉장히 훌륭한 분이에요. 특히 프란체스코는 무소유를 주장했는데, 부잣집 아들로 태어나서 아버지 뜻을 저버린 채 모든 재산을 버리고 출가를 했어요. 톨스토이의 「부활」, 이광수의 「사랑」, 셰익스피어 작품도 읽었어요. 그리고 학교 도서실에서 빌린 성인전도 읽었죠. 4대 종교의 성인전을 읽고서 어린 마음에 '나도 저런 사람이 되어야지' 하는 생각을 갖게 되었어요. 중학교 시절에 감히 성인이 되어야지 하는 생각을 하게 되었습니다.

8·15 해방을 어디에서 만나셨나요.

● 평창에서 만났습니다. 신도 집에 있었는데 일본 천황이 항복하는 라디오 방송을 들었어요. 그때 한국인이 잘못한 일본 사람을 막 때리는 것을 보았어요. 하여간에 야단이 났어요. 저는 해방이 된 걸 마음속으로만 좋아하고, 태극기를 들고 만세는 부르지 않았습니다. 해방이 되니 얼마나 좋아요. 그날 관응 스님과 같이 있지 않아서 관응 스님의 반응은 알 수 없었지요. 그리고 그 당시에 좌익, 우익으로 나뉘어서 사상적으로 대립이 되는 것도 봤어요.

제가 알기로는 관응 스님은 해방이 되자, 강릉포교당으로 오셔서 포교를 하셨다고 합니다.

● 그렇지요. 관응 스님께서 월정사에서 운영하는 강릉포교당의 주지이면서 법사스님, 그리고 금천유치원의 원장으로 부임하셨습니다. 금

천유치원은 불교계에서 가장 오래된 유치원입니다.

명성 스님도 강릉으로 오시게 되었지요.

● 저도 평창중학교에서 강릉여학교로 전학을 가게 되었습니다. 평창
에서 2년간 배웠기에 강릉여학교 3학년으로 편입이 되었지요. 저는 그
여학교 기숙사에 들어가서 공부를 했지요. 기숙사의 한 방에는 서너 명
이 있었죠. 평창중학교 때의 친구인 영애도 얼마 후에 강릉여학교로 전
학을 왔습니다. 그 친구의 아버지가 강릉으로 전근을 하여 이사를 와
서, 전학을 왔는데 그 친구는 자기 집에서 학교를 다니게 되었죠. 저는
학교에서 교풍부(규율부)의 부장이 되어 완장을 찼어요. 저는 평창에서
왔고, 그런 것을 잘 모르는데도 그것을 시키더라구요. 선생님이 저를 잘
본 것 같아요.

강릉포교당(관음사) 전경.
관음 스님이 포교당의 주지와 법사로 활동하였고, 명성 스님은 포교당에서 관음 스님에게 한문을 배웠다.

관응 스님의 법문을 그때도 들으셨나요.

● 관응 스님이 법문을 잘하시니깐 강릉 신도들이 포교당에 와서 법문을 듣는 사람들이 많았어요. 그리고 스님은 포교당에서 천자문도 가르쳤어요. 스님은 불교, 유교에 통달하셨기에 그런 것의 강의를 아주 폭넓게 하셨습니다. 글자만 가르치는 것이 아니라, 종교와 신학문을 엮어 가지고 하셨어요. 그래서 저도 영애와 함께 천자문을 배우러 다녔지요.

　　그런데 한번은 강릉농업학교에서 음악회가 열렸습니다. 그래서 천자문의 강의 듣는 것을 빼 먹고 영애와 함께 음악회 구경을 갔어요. 그것을 알게 된 관응 스님께서 그 이튿날 도장을 갖고 오라고 하셨어요. 그래서 도장을 갖고 갔더니 스님께서 저를 학교에서 퇴학을 시키겠다는 것입니다. 그래서 저는 울면서 참회를 하며 잘못을 빌었지만, 스님께서 안 들어주셨습니다. 당시에 엄청 울었고, 사흘 동안 학교도 못갔어요. 그때 제 친구들이 와서 용서해달라고 그랬습니다. 그러자 그 후에 저에게 "아픈 데가 있으면 의사에게 보여야지 감추면 되겠냐"고 하시면서 용서를 해 주신 일이 있습니다. 모든 일을 진실하고 솔직하게 드러내야 한다는 것이었지요. 그렇게 아주 엄격하게 혼난 일이 있어요. 그것이 가장 기억에 남아요.

관응 스님은 학교에서 법문을 안 하셨습니까?

● 왜요. 학교에서 법문, 특강을 많이 하셨어요. 제가 다니던 강릉여학교, 강릉농고, 강릉상고에서 다 법문을 하셨어요. 제가 여학교 강당에서 들은 법문 중에서 기억이 나는 내용은 '답게 하라'는 것입니다. 아버지는 아버지답게, 어머니는 어머니답게, 선생님은 선생님답게, 학생은 학생답게 하라는 것입니다. 그런 것을 골자로 법문하신 것이 생각납니

다. 그래서 강릉의 유지와 교장선생님들이 관응 스님이 다른 곳으로 가시면 안 된다. 관응 스님은 강릉의 보물인데 다른 지방으로 가면 강릉의 큰 손실이라고 그런 말들을 했습니다.

강릉여학교 교장을 한 원흥균 선생님은 신심이 있고, 한암 스님과도 인연이 있는 분입니다. 이 선생님에 대해서 회고할 것이 있으신가요.

● 있습니다. 원흥균 교장선생님과 관응 스님이 굉장히 친근하게 지낸 것으로 알고 있습니다. 한번은 강릉 바닷가에 소풍을 갔는데, 그때 그 선생님이 달에 대한 노래(달아 달아 밝은 달아…)를 하시는 것을 들은 기억이 있습니다.

　　저는 육순 때, 칠순 때, 팔순 때 저에게 도움을 주신 분들에게 작은 선물도 드리고, 봉투에 작은 정성(보시)을 담아드리기도 했습니다. 칠순 때 원흥균 선생님에게도 봉투를 드렸는데, 그 선생님이 저에게 봉투 받은 것을 제 동창생 친구에게 자랑을 하셨다고 그러더군요. 그 선생님은 강릉 최씨 가문의 사위로도 유명한데, 말년에는 서울 수도사대의 총장도 하셨어요. 그리고 여기 운문사를 딸과 함께 다녀가셨습니다. 여기에 와서 하루 주무시고 갔습니다. 그때 당신이 쓰신 반야심경을 갖고 오셔서 저를 주시더라구요.

졸업한 이후에 강릉여학교는 가 보셨습니까?

● 저는 강릉여학교의 7회 졸업생입니다. 그 후, 강릉여고의 개교 50주년 기념식(1990년)에 초청을 받아 가보았습니다. 갔더니 저를 굉장히 위하더라구요. 그래서 제가 장학금을 내놓았고, 저는 감사패를 받았습니다. 그리고 2000년에도 또 갔는데, 그때도 감사패를 주더라구요.

선생님이 되어
세상으로 나아가다

명성 스님 수행록

강릉여학교를 졸업하고, 어떤 일을 하셨습니까?

● 강릉여학교를 졸업하고 나서, 얼마 후에 관응 스님께서 포교당으로 오라고 해서 갔습니다. 갔더니 스님께서 저에게 학교의 선생님으로 갈 생각이 있으면 말하라고 해서, 저는 가고 싶다고 했어요. 그랬더니 얼마 후에 강릉의 강동국민학교 교사로 가게 되었습니다. 제 생각으로는 스님께서는 강릉의 교육계에 아시는 분이 많고, 그런 분들과 친분이 있게 되어서 추천을 해주신 것으로 알고 있어요.

제가 학교 선생이 되자, 저희 가족은 제가 근무하는 학교의 바로 옆에 있는 사택(교사 전용 기숙사)으로 이사를 왔어요. 그러니 제 동생도 같이 와서, 제가 선생으로 있었던 그 학교에 다녔죠. 그래서 저희 식구들이 함께 생활을 하게 되었습니다.

강동국민학교에서만 근무하셨나요.

● 아닙니다. 거기에 2년 정도 있다가, 강릉에서 떨어진 태백의 장성국민학교로 전근을 가게 되었습니다. 다른 곳으로 전근을 간다고 학교의

명성 스님의 강릉 강동국민학교 교사 시절(1열좌측 두번째).

단상에 올라가서 인사를 할 때는 아주 많이 울었어요. 그러나 얼마 후에 6·25가 터져서 별로 근무하지도 못하였지요.

교사로 근무하였던 시절, 불교에 대한 관심은 어떻게 되어 가셨는지요.
● 제가 여학교를 졸업하고 교사로 근무하였던 그때 관응 스님께서 저에게 일본의 다니구치 마사하루(谷口雅春)가 쓴 『생명의 실상』이라는 철학 방면, 종교 책인 21권이나 되는 것을 읽어 보라고 주셨습니다. 이 책을 그때부터 읽으면서 종교에 대한 사색을 키워 갔어요. 그 책은 종교, 역사, 사상, 우주 등의 실체에 대한 내용이 담겨 있었어요. 저는 방학이 되면 강릉에 있는 칠성암이라는 절에 가서 휴식을 하면서 그 책을 탐독했어요. 언제인가는 그 책을 3일 동안이나 집중적으로 읽었어요. 읽고 또 읽고 그랬는데 그때는 독서력이 대단했어요. 제가 그 책을 몇

번이나 읽었습니다. 그 책을 통해 용심, 원융무애 사상에 대한 것을 알게 되었지요.

그 절은 지금은 법왕사라고 부르는데, 그 절의 주지인 양청우 스님이 관응 스님, 탄허 스님과 아주 친하셨어요. 세 스님은 만나기만 하면 불교 이야기로 밤을 새우시던 어른들입니다. 그리고 그때 칠성암에 있는 윤주일의 『반야심경 해설』이라는 책을 우연히 보고, 정독을 한 적도 있습니다. 윤주일의 그 책을 보고 감동을 받았지요. 이렇게 『생명의 실상』, 『반야심경 해설』이 그 당시 저의 종교적 양식을 채워 주고 그랬지요.

스님의 수행, 출가에 있어서 『생명의 실상』은 자극, 계기를 준 것으로 볼 수 있습니다. 그 책을 통하여 겪은 것이 그 시절에 있다면 무엇입니까?

● 제가 교사로 있을 때 방학이 되면 관응 스님이 머물던 칠성암에 가서 휴식을 하고, 책도 읽었습니다. 그런데 어느 날 제가 『생명의 실상』을 통해서 아주 희귀한 종교적 체험을 하였습니다. 참으로 믿기 어려운 이야기이지만 사실대로 회고를 해보겠습니다.

어느 날 저는 그 책을 들고 계곡에 있는 바위 위로 올라갔어요. 거기에서 무심히 바위 아래를 쳐다보니, 풀 속에서 뱀 한 마리가 기어 오고 있었어요. 그 순간 저는 그 뱀을 보고 측은하다는 생각을 하게 되었지요. 그러면서 마음속으로 그 뱀에게 "내가 너를 위해서 이 책을 읽어 줄 터이니 잘 듣고, 축생에서 벗어나 진리를 공부하는 길로 가거라"고 저 혼잣말로 하였어요. 그래서 저는 즉시 『생명의 실상』의 일부 구절을 읽어 주었습니다. 그런데 얼마 후에 그 뱀을 보니, 그 뱀이 죽 뻗은 채로 죽어가고 있었어요. 저는 깜짝 놀라서 바위에서 내려와 법당에 가서 부처님에게 삼배 절을 하고 숙소로 돌아왔어요.

그런데 그날 밤, 저는 꿈에서 지장보살에게서 구슬을 받는 꿈을 꾸게 되었지요. 사람이 많은 법당에서 제가 앉아 있는데, 지장보살이 팔을 뻗어 저에게 구슬을 주는 것이었습니다. 참으로 신기한 꿈이 아닙니까? 그 다음 날 개울가 쪽으로 가보니, 어제 본 그 뱀이 죽어 있었어요. 저는 이런 경험을 지금도 기이하게 봅니다. 정말 제가 그 책을 읽어 주고, 진리를 공부하는 곳으로 가라고 해서 죽은 것인지, 또 지장보살은 왜 저에게 구슬을 주었을까 하는 것이지요. 하여튼 이것은 제가 겪은 최초의 종교적 체험이라는 것을 밝혀 놓고 싶네요.

법왕사(칠성암)에서 개최된 여석회(남은돌 모임) 행사(1970. 5. 15.)에 참가한 큰스님들.
사진의 1열 좌로부터 영암, 운허, 벽안 스님이고 2열 좌로부터 대휘, 자운, 석주, 청우 스님이다.
명성 스님은 법왕사에서 경전 공부를 하였고, 6·25 전쟁 당시 피난을 하였다.

명성 스님 수행록

6·25 전쟁을 만나셨는데, 그 정황을 들려주시길 바랍니다.

● 전쟁이 터지자 관응 스님께서 우선 칠성암으로 와서 있으라고 했습니다. 그래서 우리 가족 모두가 칠성암에서 지냈어요. 그때는 먹을 것이 없어서 보리죽을 끓여 먹기도 했지요. 칠성암에 있을 적에는 인근의 산에 올라가서 함포 사격 하는 것을 구경하였어요. 인민군이 와서는 짐도 뒤지고, 어떤 날은 저에게 나오라고 그러는데도 제가 "여기 방 소지(掃除)를 하고 나가겠다"고 대담하게 말을 했어요. 그런 말을 하면서도 겁이 안 났어요. 그러니깐 그 사람들이 저를 함부로 못 하더라구요.

그러다가 1·4후퇴 때는 할 수 없이 남쪽으로 피난을 갔습니다. 그리고 이것은 사실인데요, 저하고 탄허 스님이 같이 피난을 갔어요. 탄허 스님, 저, 정각심 보살(모친), 제 동생, 탄허 스님의 상좌인 희태 스님, 배도원 스님하고 같이 갔는데 그때 백설기를 만들어서 목침으로 나누어서 갖고 갔어요. 그 백설기를 먹으면서 동해안으로 며칠을 같이 피난 갔어요. 피난가면서 아무 데서나 자고, 밥은 얻어먹고도 가는 거예요. 영덕까지는 같이 내려오다가 우리는 고향인 상주 쪽으로 가야 하겠기에 헤어졌지요. 그때 관응 스님은 6·25가 터지기 전에 볼일이 있어 먼저 나가셨지요.

그런 고생을 다 하셨군요. 상주에 가서 겪으신 것은 무엇입니까?

● 관응 스님은 남장사에 계시면서, 상주의 농잠고등학교의 역사선생님으로 계셨어요. 그리고 저희 가족은 상주 읍내에 집을 얻어 거처를 정했습니다. 그때 저는 어머니와 함께 남장사의 관음암을 몇 번 가 봤습니다. 상주에서 10리 정도 떨어져 있었습니다.

그리고 저는 상주 외곽, 화동이라는 시골에 있는 초등학교 선생으로 취직을 하게 되었습니다. 상주에 있는 저의 친척이 소개를 해서 그리되었어요. 전쟁 중이었기에, 선생의 결원이 생겨서 제가 들어갈 수 있었을 것입니다. 궁여지책으로 임시로 시골 학교의 선생이 된 것이지요. 학교는 화동국민학교로 기억이 나네요. 그때는 버스와 같은 교통수단이 좋지 않고 그 학교가 너무 멀어서 왔다갔다하는 것이 무척 힘들었어요. 비가 오나 눈이 오나, 버스를 타고 또 걷기도 하면서 다녔지요.

명성 스님 수행록

해인사에서
입산 출가하다

명성 스님 수행록

스님은 그 무렵에 입산, 출가를 하시게 되었습니다. 그 전후 사정을 들려주시길 바랍니다.

● 제가 6·25 전쟁이 나고, 휴전이 되기 전에 상주의 시골구석에서 선생을 하고 있었어요. 그런데 어느 날 관응 스님께서 남장사로 저를 불러서 조용하게 말씀을 하셨어요. 저에게 출가를 하는 것이 어떻겠냐고 권유하신 것입니다. 스님은 저에게 "사람들에게는 여러 길이 놓여 있는데, 출가하는 것도 매우 좋은 길이라고 생각한다, 내가 만약 이 길이 좋지 않으면 권하지도 않는다. 잘 생각해 보거라."고 말씀을 하셨어요. 그러시면서 저에게 『진리』라는 책 열 권을 출가하기 전에 읽어 보라고 주셨지요. 그런 말을 들은 저는 우선 "생각해 보겠습니다"고 하고는 며칠 동안 약간 고민을 하고서 관응 스님에게 출가하겠다는 제 뜻을 말씀드렸지요. 그리 오래 망설이지 않고, 그냥 쉽게 결정했지요. 그러니깐 자의 반 타의 반으로 출가 결심을 했어요.

관응 스님의 권유가 하나의 계기가 되었지만, 스님의 결단에는 출가에 대한 평소의 생각이 있었을 것입니다. 그것을 말씀해 주세요.

● 저는 어린 시절에 위인전, 성인전을 많이 읽었습니다. 그러면서 '나도 저런 성인이 되고 싶다'는 생각을 갖게 되었죠. 그리고 자라서는 불교 서적을 읽으면서 평소에 '나도 출가를 한번 해보고 싶다'는 생각이 있었습니다. 관응 스님의 권유도 있었지만, 내 생각도 있었죠. 특히 윤주일 선생의 『반야심경 해설』과 일본에서 나온 『생명의 실상』이라는 책을 읽고 출가의 생각을 더욱 갖게 되었죠. 이렇듯이 평소에 불교책을 많이 접했고, 불교가 좋다고 생각하였기에 자연스러웠습니다.

출가 결정을 그렇게 간단명료하게 내릴 수 있었음에서 어떤 예지를 느낄 수 있습니다.

● 하여간 저는 출가할 결심을 하였는데, 기이한 것은 그런 결심을 한 그날 밤 희유한 꿈을 꾸게 되었습니다. 꿈에서 제가 높은 벼랑을 오르기 위해 안간힘을 쓰고 있는 거예요. 마침내 간신히 허공에 오르게 되었는데, 그때 두 보살이 좌우에서 저를 옹호하고 있고 낮은 지상에서는 저를 우러러 합장 배례하는 것이었습니다. 마치 부처님에게 합장 배례하는 것과 같았어요. 또 한 가지 꿈은 제가 그리스도의 모습으로 강릉여고(모교) 강당에 들어가고 있는데 많은 제자들이 제 뒤를 따르고 있는 성스러운 꿈이었습니다. 잠에서 깨어난 저는 얼떨떨하였지요. 그러나 마음속에서는 어떤 자긍심, 환희심이 일어났어요. 이런 꿈이 출가의 장도를 빌어준 것인지는 알 수 없지만, 그런 꿈을 꾼 것은 사실입니다.

그러셨군요. 그러면 그 이후 출가의 진행을 말씀해 주세요.

● 저는 그렇게 출가의 뜻을 정하였어요. 그 이후 관응 스님께서는 해인

사 백련암으로 가셨습니다. 그로부터 얼마 후에, 저는 상주 집을 나와서 버스를 타고 해인사로 갔어요. 모친에게는 말도 안 하고, 떠난다는 편지도 안 쓰고 집을 나왔어요. 그리고 해인사 백련암으로 관응 스님을 찾아가서 인사를 드렸더니 해인사 국일암에서 출가를 하도록 조치를 취해 주셨습니다.

출가할 당시의 심정은 어떠하셨나요?

● 제가 강릉에서 교편을 잡을 때 읽은 윤주일의 『반야심경 해설』에 감명을 받았어요. 『반야심경』의 핵심은 반야, 곧 지혜입니다. 스스로 노력해 잘살아 보겠다는 의지가 없는 사람에게 무작정 퍼주다 보면 복 받는 이나 복 주는 이가 거지가 되듯이, 지혜가 없는 자비는 자비가 아니에요. 그렇다면 과연 반야가 뭘까. '내가 반야가 되자'는 생각에 머리를 깎았죠. 어릴 때부터 부처님 같은 사람, 관세음보살 같은 사람이 되어야지 하는 생각을 자주 했는데, 그것을 실행한 것이지요.

해인사 국일암에서 출가하신 내용을 구체적으로 들려주세요.

● 그때가 1952년 4월이었죠. 그 시절은 정화가 나기 이전이라서 비구승, 대처승이라는 말이 없이 그냥 같이 살던 시절이었습니다. 관응 스님께서 저를 본공(本空) 스님이 계신 국일암으로 보낸 것은 관응 스님이 월정사 강사를 하실 때, 바로 그 인근 암자인 지장암에 계시던 본공스님을 알고 계셨던 반연으로 그리하신 것 같아요. 저는 국일암에서 삭발을 하고 본공 스님의 상좌인 선행(善行) 스님을 은사로 모시고, 행자 생활을 시작했어요. 그러니깐 저는 본공 스님의 손상좌가 되었죠. 선행 스님은 인품이 잔잔하고, 성격은 조용하셨어요.

명성 스님이 출가한 사찰인 해인사 국일암 전경.

　　그때 국일암에는 대중스님 일고여덟 명이 살았는데, 주지는 경희 스님(서봉사)이었고, 본공 스님은 입승스님이었습니다. 그 시절 국일암에는 수좌가 오고 가는 선방의 기능은 없었고, 권속만 살았어요. 저는 법명을 명성(明星)으로 받았는데, 제 이름의 명 자가 '밝을 명(明)' 자가 아니고 '밝게 볼 명(眀)' 자입니다. 이렇게 특이한 이름으로 받은 것은 제 추측으로는 관응 스님이 지어서 본공 스님에게 전달한 것이 아닌가 생각하고 있습니다.

　　하여간 저는 거기에서 행자 노릇을 하였지요. 행자는 저 혼자였습니다. 저는 공양주와 부전까지 보면서 큰절에 가서 치문까지 배우는 1인 3역을 한 셈이지요. 누구든지 출가를 하면 공양주를 사는 거예요. 공양주도 큰 수행입니다. 요새 스님들은 공양주, 채공 이런 과정을 안 밟아요. 그러나 그때만 해도 그거 하는 게 엄격했습니다. 그리고 그때는 6·25 전쟁이 끝나지 않은 시절이어서 해인사 일대의 가야산에서 총소리가 나고 그랬습니다. 산에서 내려온 인민군, 지방 빨치산들이 밤에 절에 와서 쌀과 음식을 훔쳐 가고 그랬어요. 제가 어느 날 새벽에 나와 공양을 준비하려고 보니, 어젯밤에 준비해 놓은 삶은 보리쌀이 없어졌어요. 저는 당황하지 않고, 얼른 텃밭으로 나가서 감자를 캤습니다. 아침 공양 시간에 보리쌀이 없어져서 감자로 공양을 올리게 되었다고 어른스님들에게 말씀을 드린 적도 있어요.

행자로 고생이 많으셨겠습니다.

● 처음에는 국일암에서 공양주를 사는데, 어슴푸레한 밤에 감자를 캐서 다음 날 아침밥에 감자를 넣어야 합니다. 툇마루에 앉아 감자를 긁고 있는데 한 스님도 거들어 주는 사람이 없어요. 전부 행자, 행자 하면서 업신여기고 그랬어요. 그러면서도 저는 천수경을 외우면서 감자를 긁었지요. 속으로 '내가 공양주를 살러 왔나' 하는 불편한 마음이 있었던 것이 솔직한 심정이었지만요. 혼자 힘든 일을 해도 거들어주는 선배스님이 없었어요. 그런 괄시를 받았지만 이겨내고 공부를 했습니다. 절에서는 늦게 출가를 하면 늦깎이라고 조금 괄시를 받아요.

그런 일을 다 겪으셨군요. 수계는 어떻게 하셨나요?

● 해인사 국일암에서 행자를 하면서 그렇게 지냈는데, 입산한 지 얼마 안 되어서 사미니계를 받았어요. 국일암에서 받지 않고, 약수암에서 임환경 스님에게 받았습니다. 환경 스님이 계를 설해 주셨지만, 수계사는 최범술로 해서 전해 주더라구요. 최범술은 그때 해인사 주지였고, 환경 스님은 노장스님이었는데 최범술의 은사였지요. 그 시절은

명성 스님에게 수계증서를 준 해인사 주지 최범술 스님.
명성 스님은 최범술이 주지로 있었던 다솔사의 산내암자인
미륵암에서도 행자 수행을 하였다.

어름했어요.

계는 입산 직후에 금방 받은 것 같고, 비구니 암자인 약수암에서
받았어요. 그때는 단일계단이 아니고, 큰절에서 큰스님에게 개별적으
로 수계를 했어요. 제가 있었던 국일암과 약수암이 이웃 절이어서, 약
수암의 스님과 같이 받았지요. 저와 다른 스님과 같이 세 사람이 받았
어요. 저하고 함께 받은 다른 스님은 기억이 없어요. 수계를 할 때는 새
까만 장삼에 빨간 홍가사를 입고 했어요. 그때는 요즈음과 같은 회색
옷은 없었어요.

그때 해인사에서 강백으로 유명한 변월주를 본 기억이 있고, 고송

스님도 그때는 해인사에 계셨어요. 최범술은 해인사의 재산을 갖고서 해인대학을 만들었어요. 해인대학은 해인사에 있다가 진주로 이사를 갔다고 합니다. 변월주도 해인대학의 교수를 하였지요. 해인대학은 그 후에 마산대학으로 이름을 바꾸었지요.

혹시 수계 당시에 희유한 일을 겪지 않으셨나요. 스님은 출가를 결정한 날에도 희유한 꿈을 꾸지 않았습니까?

● 사미니계를 받은 날에도 역시 꿈을 꾸었습니다. 그 꿈의 이야기는 복잡하고 길지만 간단하게 이야기를 해 보겠습니다.

꿈속에서 제가 구름 위에서 두 발을 딛고, 양손에는 해와 달을 들고서는 그것을 부처님을 향해 던졌습니다. 그러자 부처님도 나와 같이 양손에 해와 달을 들고서 저에게 던지는 것입니다. 저와 부처님이 서로 장난을 치듯이 하는 것이었어요. 저는 꿈속에서 너무나 황송하여 부처님에게 두 손으로 합장을 하고 고개를 숙였어요.

저는 석굴로 들어가서 불단 주위를 수건으로 깨끗이 닦고, 공양구를 정리하여 반듯하게 놓고 그랬습니다. 그러고 나서 부처님을 쳐다보았더니, 부처님이 미소를 지으면서 저를 쳐다보는 것이었습니다. 그래서 저도 저절로 미소를 짓게 되었지요. 그것은 저와 부처님 서로 간에 친근하고 따뜻한 관계가 교환되는 것과 같았어요. 저는 너무나도 감격스럽고 황송하여 부처님에게 합장을 하였습니다. 이런 꿈을 계를 받은 날 밤, 해인사에서 꾸었다는 자체가 저로서는 감격스러운 장면입니다.

행자를 하시면서 스님이 되는 기초적인 공부는 하셨나요.

● 제가 국일암에서 공양주로 살면서 큰절(해인사)로 통학하면서 글을

배우러 다녔어요. 아침에 설거지를 다 해 놓고서는 큰절의 해인사에 가서 노스님인 영산 스님에게 가서 배웠죠. 그때는 비구니들이 공부할 강원 그런 것이 없어서, 저는 영산 스님의 방에 가서 『치문』을 배웠습니다. 그 시절에는 비구니가 비구스님에게 가서 배우는 것이 상례(常例)였죠. 그것이 그때는 전통이었죠. 지금과는 많이 다르지요. 하여간에 공양주를 하고, 부전을 살면서 배워야 하니깐, 바쁜 가운데에서도 배운 것을 외우려고 노력했어요. 그날 배운 것을 다음 날에 가서 외워바쳐야 했으니깐요. 하기 싫은 것을 하면 짜증이 나지만, 순수한 신심으로 하니깐 공양주 생활을 하면서 배우는 것에 대해 싫다는 생각이 별로 없었어요. 그때 해인사에서는 총소리가 나고 그랬지만, 그런 가운데에서도 저는 '좋은 곳에서 경 공부를 배울 수 있게 해 달라'는 기도를 지극정성으로 했어요.

그 시절이 나에게는 발심한 시절입니다. 전기가 없어서 호롱불을 켜 놓고 공부를 하고, 배우던 『치문』을 큰절의 영산 스님에게 가서 외워 바치고 그랬어요. 그때 제가 해인사에 가서 배울 때는 삼선암에 있었던 태경 스님과 같이 가서 배웠지요. 그때는 배우는 비구니스님이 별로 없었어요. 태경 스님은 저와 동갑이었지요. 그러나 오래 배우지는 않았습니다. 태경 스님은 그 후에 동국대를 다녔고, 서울 성북구에 개인 절을 갖고 있었는데 오래전에 돌아가셨어요. 이 스님은 머리를 깎은 채로 중고교를 다닌 스님입니다.

공부를 어렵게 하셨네요.
● 한번은 공양간에 가보니깐, 공양간에 걸어놓은 조왕님의 액자가 부뚜막의 아래에 떨어져서 굴러 바닥에 놓여 있더라구요. 저는 깜짝 놀

라서 얼른, 그 조왕단 액자를 들고 인근 딸기밭에 나가서 수선한 후, 다시 걸어놓았습니다. 유리 액자로 된 그것이 떨어지면서 두 번이나 굴렀는데도 안 깨진 것이 신기했습니다. 그래서 그런 일을 어른스님(본공, 선행 스님 등)에게 말씀을 드렸더니 제 신심이 대단해서, 신심 있게 공양주를 사니까 가피력으로 그리되었다고 칭찬을 해주셨어요. 그때는 부뚜막도 날이면 날마다 흙으로 반들반들하게 칠해 줘야 합니다. 부뚜막에 밥풀이 떨어져도 주워먹을 정도로 깨끗하게 해놓아야 합니다. 공양주 살 때의 신심으로 스님 생활을 하면 누구나 성불할 수 있을 거예요. 저는 공양주 살던 시절에 발심이 제일 강하였어요.

공양주라는 문화가 이제는 사라지고 있지요.
● 그때는 입산을 하면 지위 고하를 막론하고 공양주, 채공을 일단 밟아야 하는 것이 수행의 일환이었어요. 저는 공양주를 살 때 '힘들다, 괴롭다'는 생각보다는 '내가 고생하여 만든 공양을 대중스님들이 잘 잡숫는구나' 하는 생각을 했어요. 그러니까 '내가 힘들어서 만든 밥을 여러 대중이 맛있게 먹어 주시니 얼마나 고맙습니까' 하는 순수한 심정, 그런 신심으로 살았어요.

궁벽 속에서
불법을 배우다

명성 스님 수행록

스님은 해인사를 떠나 다솔사 미륵암으로 가셔서 공부를 하셨습니다. 그 연유는 무엇입니까?

● 거기에는 이유가 있었어요. 그렇게 해인사에서 『치문』을 배우고 있었는데, 엄마보살(정각심 보살, 모친)이 국일암으로 저를 찾아오셨어요. 저를 자꾸 데리러 왔어요. 모친은 국일암에 며칠을 머물면서 저에게 집으로 가자고 권유하셨어요. 그러나 저는 결심이 변하지 않았고, 스님으로 살겠다고 말씀을 드렸어요. 그래도 저를 데리러 자꾸 오니까 피하기 위해서 미륵암으로 갔지. 그런 일이 있고 나서 국일암에 계속 있으면 불편한 것 같아서, 국일암을 떠나 다솔사의 미륵암으로 간 것입니다.

그런데 왜 다솔사 미륵암으로 가신 것인가요.

● 경남 사천의 다솔사 미륵암의 주지스님이 도안(道眼) 스님이라고 제 사숙님이 계셨기에 그리 간 것이지요. 즉 본공 스님의 상좌이시지요. 미륵암에는 노스님인 본공 스님께서도 해제가 되면 산철 때는 거기에

오셨어요. 본공 스님은 기도를 지극하게 열심히 하시면서 수행을 하였습니다. 본공 스님은 아주 신심이 있으셨어요.

그곳에 가서도 제가 공양주를 하면서 공부를 하고 있었어요. 그때 부목이 해 온 청솔가지의 나무로 밥을 하는데, 연기가 심해서 눈물을 흘린 것이 생각이 나네요. 그리고 절구에다가 나락(벼)을 찧으면 껍질이 벗겨져요. 절구에 벼를 넣고 찧어 쌀을 가리고 불쏘시개를 하기 위해 갈비(낙엽진 솔잎)를 긁으러 산을 헤맸지요. 장마철이 되면 덜 마른 솔가지로 아궁이에 불을 지펴야 하니 여간 고생이 아니었습니다. 굴뚝에서 아궁이로 내려치는 바람이 불 때면 그 연기에 눈·코가 맵고 시려 눈물깨나 짰지요. 그렇게 그 이튿날 아침에 죽을 끓이는 거예요. 제가 처음 해 본, 익히지 않은 일입니다. 그래도 한 번도 해 보지 않은 것을, 익숙하지도 않은 일을 해 놓으면 스스로 얼마나 대견스럽고 그래요. 제가 만든 죽이 얼마나 맛이 있는지, 그때 죽을 많이 먹었습니다.

미륵암으로 모친이 찾아오시지는 않으셨나요.
● 왜요, 그곳으로도 또 오셨지요. 그때 모친이 미륵암으로 또다시 찾아오셨어요. 한 달 정도를 계셨는데, 그때는 제가 출가한 것을 인정해주셨지요. 어쩔 수 없다고 체념을 하시고는, 그 대신 공부를 잘해서 스님 노릇을 잘하라고 하셨어요. 저의 갈 길을 인정해주신 것이지요. 저도 모친이 쓸쓸하고 외로운 것은 인간적으로 이해를 하지만 저의 갈 길을 갈 수밖에 없었습니다.

미륵암에서는 어떤 공부를 하셨습니까?
● 제가 거기 미륵암에 가 있으니깐 관응 스님이 오시고 그랬어요. 제가

거기에 있으니 어떻게 지내나 궁금하시지 않았겠습니까? 그래서 미륵암에 오신 관응 스님에게 『초발심자경문』을 1주일간 집중적으로 배우게 되었죠. 관응 스님은 만사 제쳐 두고 가르쳐 주시면서, 저에게 『초발심자경문』 만독을 하라고, 만 번을 읽으라고 하시더라구요. 그 이후에 저는 삼천 독을 했나?

그리고 소동파가 글 한 줄로 문리가 트였다는 얘기가 있어요. 스님은 독서삼매에 빠져 있던 소동파를 며칠 만에 서재에서 찾았다는 얘기를 해주시면서 많이 읽으라고 하시더군요. 다 가르쳐 주시고 가시는데, 전송하면서 제가 얼마나 울었는지 몰라요. 그때 같이 배운 스님은 미륵암의 명원 스님입니다. 도안 스님의 상좌인데, 이 스님은 저와 동갑으로 지금도 서울 화계사 근처의 절에 살고 있어요. 그리고 제가 미륵암에 있을 적에 백용성 스님이 번역한 『화엄경』을 모두 읽었습니다. 행자 시절에 『화엄경』을 읽기가 어려운데 제가 그런 책을 다 읽었어요.

다솔사는 불교계의 거물이었던 최범술의 연고가 많은 사찰입니다. 혹시 최범술과의 인연 이야기는 없으셨나요.

● 제가 해인사에서 수계를 받았을 때의 문서에는 수계사가 최범술로 되어 있다고 하지 않았습니까? 그때 제가 거기에서 공부를 할 때 최범술 스님이 하얀 고무신을 저에게 보낸 적이 있습니다. 그런데 어떤 연유로 그렇게 보내고 받았는지는 생각이 안 납니다. 그래서 제가 그분의 부인인 반야로(般若露) 차를 하는 채원화 보살을 조금은 알고, 그분이 차 사업을 하는 인사동 찻집을 궁금해서 찾아간 적이 있어요. 찾아갔지만 만나지는 못한 것 같아요.

참! 그리고 제가 미륵암에 머물 적에 본공 스님이 계시던 범어사 대성암을 찾아간 적이 있어요. 본공 스님이 대성암 선방에서 입승을 보시니깐, 제가 미리 가 있다가 미륵암으로 모시고 오려고 간 것이지요. 그렇게 대성암에서 가서 본공 스님을 뵈었더니, "범어사에 왔으니, 온 김에 범어사 고승인 하동산 큰스님에게 인사를 드리자"고 하여 같이 가서 동산 스님을 친견했지요. 그때 저는 동산 스님에게 화두를 탔어요. 그래서 지금도 그 화두로 참선을 하고 있습니다. 그 화두(無夢無想時에 我主人公이 在甚麼處하여 安心立命고; 즉 꿈도 꾸지 않고 아무 생각도 없을 때 내 주인공은 어느 곳에 있어서 내 마음을 편하게 해주는가?)는 길었는데, 글씨로 써주시지 않고 말씀으로 받았습니다.

동산 스님을 처음 뵈니, 아주 잘 생기시고 호인이셨어요. 동산 스님은 관응 스님을 무척 아끼셨어요. 저는 배우고 가르치는 것에 전념을 하는 바람에 제도권 선방에는 가지 못했습니다.

스님은 선방에 가고 싶은 생각은 없으셨나요.
● 저는 선방에 가야 한다는 생각도 있었지만, 선방에 안 가면서도 화두를 들고 살아야 된다는 인식은 있었지요. 그래서 동산 스님에게 받은 화두를 갖고 새벽과 취침하기 전 한 시간씩은 참선을 하고 있어요. 지금도 언제나 그 화두를 들고 있습니다. 그리고 제가 있는 이곳에 선객들이 다녀가면 촉진제가 돼요. 제자들이 선방에 가서 공부를 하는데, 저도 공부가 처지면 안 되거든요.

미륵암에서 공부를 하시다가, 그 뒤에는 어디로 가셨나요.
● 그 무렵, 관응 스님이 진주 연화사에서 강(講)을 여시면서 몇 분의 비구스님을 가르쳤습니다. 그 소문을 듣고서 저도 거기에 가서 제대로

명성 스님에게 화두를 준 동산 스님(범어사 조실, 조계종 종정).

배워 보고 싶은 생각을 갖게 되었습니다. 그래서 본공 스님과 도안 스님에게 동의를 받아서 진주로 가게 되었습니다. 비구스님의 절인 연화사에는 머물 수가 없어서 근처에 있는 비구니 절인 도솔암으로 갔어요. 도솔암의 주지는 정행 스님의 상좌스님이었어요. 이름은 도여 스님으로 기억이 나네요. 하여간에 도솔암에 있으면서 연화사로 글을 배우러 통학했어요. 도솔암에서 연화사까지는 20~30분이 걸렸어요. 저혼자 걸어다니면서 배웠습니다. 도솔암에 있으면서도 양식값을 내고, 사분정근을 하는 부전을 살면서 있었습니다. 양식값은 진주 신도가 쌀을 이고 와서 내주었는데, 지금 생각해보면 관응 스님이 신도 반연을 만들어 준 것 같은데 정확한 사정은 잘 모릅니다. 그런 것을 그 당시와 그후에 관응 스님에게 안 물어봤어요. 그리고 제가 연화사에서 자운 스님을 모시고 보살계를 받을 때 삼천배를 했어요. 그때 열심히 절을 하다보니 허리끈이 땀에 젖었어요. 하여간에 제가 도솔암에서 통학을 하면서 족적을 남겼습니다. 그런데 그 이후 도솔암에 간 적이 없어요. 미륵암도 안 가보았습니다. 해인사 국일암에는 가보았는데, 안타깝네요.

연화사에서 관응 스님에게 배우신 것을 회고하여 주시길 바랍니다.
● 그때 그곳 연화사에서 관응 스님은 비구스님 여럿을 가르치셨어요. 저는 비구스님들과 합석해서 배우지 않고, 혼자서 따로 사집 과정을 배웠습니다. 그때 배운 스님들은 세월이 오래되어서 일부만 기억이 있어요. 오형근 교수의 첫 번째 은사스님, 도견 스님, 도안 스님, 지금 천안에 있는 법인 스님은 생각이 납니다. 오형근 교수의 은사는 후에 환속했어요.
　　저는 도솔암에서 부전 소임을 살면서 하루에 네 번 기도를 하고,

관응 스님에게 하루에 배운 것을 30번씩 다 읽고 했습니다. 부전 노릇을 하는 여가 시간에 그렇게 하면서 공부했어요.

진주에서 통도사로 가서 운허 스님에게 배우시게 된 사정을 자세하게 들려주시지요.

● 관응 스님이 연화사에서 하시던 강을 그만두시고 진주를 떠나시게 되었어요. 그래서 관응 노스님이 통도사의 운허 스님에게 저를 받아서 공부를 시켜달라고 부탁하는 편지를 써 주셨습니다. 그래서 저는 운허 스님에게 배우기 위해 거길 떠나서 통도사로 가게 되었던 것입니다. 저는 그 친필 편지를 들고 통도사의 운허 스님에게 가서 드렸죠. 그래서 제가 통도사 보타암에서 묘엄 스님과 같이 머물면서 배우게 되었죠.

운허 스님에게 보낸 편지를 읽어 보셨나요.

● 큰스님이 쓰신 비밀스러운 편지를 감히 읽어 볼 수는 없는 것입니다. 읽어 보지 못했어요. 통도사 큰절에 계시는 운허 스님을 찾아뵙고, 인사를 드리고 편지를 드렸습니다. 그랬더니 스님께서 저를 거부하지 않으시고 받아 주셔서 통도사 산내 암자인 보타암에 머물면서 운허 스님에게 배웠습니다.

보타암에 머물면서 배우시던 정황을 들려주세요.

● 보타암의 원주는 노장스님이셨어요. 우리는 보타암에 얹혀 살면서 공부한 셈이지요. 그래서 우리는 쌀값을 내고 살았습니다. 쌀값은 석남사 인홍 스님이 한 가마씩을 내주셨고, 우리도 개인적으로 내기도 했어요. 그 당시는 지금과 달라서 스님들이 자기 양식을 자기가 내는 자비량 제

통도사 시절의 운허 스님(1열 좌측). 그 시절 구하, 벽안, 법정, 인환 스님이 보인다.

도가 있을 때입니다. 그래서 양식은 우리들이 자체적으로 해결하였지만, 인홍 스님이 그렇게 내준 것은 나보다는 묘엄 스님의 인연이 작용하지 않았나 합니다. 그 연유는 정확하게 몰라요. 그러나 인홍 스님은 후배 비구니스님의 인재양성을 위했던 분이니, 그런 차원인 것 같아요.

제가 쓰던 보타암의 방에는 저와 묘엄 스님, 묘영 스님, 그리고 보타암의 비구니 학인 두 사람이 다 함께 한방을 쓰면서 호롱불 아래에서 힘들게 공부를 하였죠. 묘엄 스님은 그 후에 봉녕사 학장이 되었고, 묘영 스님은 교통사고로 일찍 죽었습니다. 우리는 법당에 가서 예불을 드리고 그랬죠. 그때 경제적으로 힘이 많이 들었고, 고생을 많이 했습니다. 그렇게 고생을 하면서도 호롱불 아래에서 공부를 하였는데, 열심히 공부를 하였습니다. 때로는 인근의 산에 가서 소나무 잎을 구해서 땔감으로 썼습니다. 그리고 길가에서 파는 홍시를 먹고 싶었는데, 돈이 없어서 사 먹지를 못했어요. 하여간에 어렵게 살았습니다.

운허 스님에게 배우신 것을 회고하여 주시지요.

● 보타암에 머물면서 댓 사람이 통도사의 운허 스님 방으로 가서 배웠습니다. 오전에는 통도사에 머물던 지관 스님, 월운 스님, 홍교 스님 등 비구스님이 배웠고 그 후에 우리 비구니스님을 받아서 가르쳐 주셨어요. 『능엄경』을 배운 것 같아요. 『능엄경』은 '깜깜 능엄'이라는 말이 있을 정도로 아주 까다로운 내용이 많아요. 그런 경을 우리가 배웠는데, 우리가 새기고, 새기다가 어려운 말이 나오면 스님이 해석해 주시고 그랬죠.

우리는 저절로 운허 스님에게 배우시던 비구스님과 같은 레벨이 되었죠. 지관 스님과 월운 스님은 유명한 스님이지만, 홍교 스님은 드러나지 않은 스님이었지요. 홍교 스님은 동산 스님의 상좌였는데 아주

연화사에서 명성 스님에게 경전을 가르쳐 준 강백 운허 스님.

똑똑한 분이었습니다. 그리고 그때 통도사에는 혜총 스님(전 조계종 포교
원장)이 행자로 있었습니다. 혜총 스님이 나에게 몇 번이나 그 말을 하
더라구요.

보타암에서의 추억을 더욱 자세하게 회고하여 주세요.
● 제가 거기에 가서 배우고 있었는데, 운허 스님께서 보타암의 나이 어
린 비구니들을 가르치라고 해서 치문을 가르친 일이 있습니다. 그리고
노스님(운허)은 가끔 제가 가르칠 때 와서 보십니다. 그냥 놔두지 않고,
잘 가르치고 있나 하는 것을 확인하시는 것이지요. 그런데 제가 가르
친 그 비구니들은 후에 전부 환속했어요. 제가 오기 전에, 묘엄 스님이
앞서 가르쳤는지 그것은 몰라요.
　　그리고 묘영 스님의 모친도 출가를 해서 비구니스님이 되었는데,
이름이 혜관입니다. 석남사 인홍 스님의 상좌가 되었죠. 그 엄마보살,

혜관 스님이 보타암에 와서 당신 딸인 묘영 스님의 뒷바라지를 조금 했습니다. 그래서 저와 묘엄 스님도 도움을 조금 받았죠.

그 당시 통도사 큰스님인 경봉 스님과 구하 스님을 뵈었습니까?
● 극락암의 경봉 스님을 보타암에서 같이 배우던 비구니스님들과 함께 극락암으로 올라가서 뵈었어요. 자주 가지는 않았구요. 구체적인 내용은 생각나는 것이 없어요.

　　그 무렵에 들었는지 그 이후에 들었는지는 모르겠는데 구하 스님이 하신 말씀은 제가 아직도 기억하는 것이 있어요. 그것은 "산은 높아서 귀한 것이 아니고, 나무가 있기 때문에 귀한 것이다"는 내용입니다. 이 말과 대칭을 해서 "절은 절이 있어서 귀한 것이 아니고, 절에는 스님들이 많아서 절은 총림이기에 귀한 것이다"는 말도 짝으로 같은 소리입니다. 제가 하여튼 구하 스님의 말씀을 듣긴 들었어요. 통도사가 그 노장스님이 계실 적이 좋았지요. 일본 사람들이 통도사와 해인사를 좋아하는데, 그것은 전통이 있어서 좋아한 것이지요.

통도사에서 배우다가 진주 연화사로 가시게 되었지요.
● 그래요. 운허 스님이 통도사를 떠나서 진주 연화사로 가시게 되었습니다. 그렇게 가신 이유는 몰라요. 그래서 나와 묘엄 스님은 운허 스님을 따라 진주로 갔어요. 그때 월운 스님이 진주로 따라온 것은 제가 똑똑히 기억을 하지만, 지관 스님은 오지 않았습니다. 천안의 법인 스님도 거기에서 배웠죠. 진주에서는 제가 예전에 있었던 도솔암에 다시 머물면서 연화사로 걸어 다니면서 『기신론』을 배웠습니다.

　　저와 묘엄 스님은 도솔암에 머물면서 연화사로 걸어가서 공부를 하였는데, 저는 그때 쌀값을 내지 않은 것으로 기억이 나요. 그때 도솔암 주지는 비구니인 도여(道如) 스님이었어요. 그 스님은 참선을 많이 해서 그런지 할(喝)이라는 소리를 자주 하더라구요. 도여 스님은 정행 스님의 상좌입니다. 그리고 묘엄 스님의 고향 집이 연화사가 있는 진주여서 묘엄 스님은 어머니 집에 자주 왔다갔다했어요. 그래서 저도 몇 번은 따라갔어요. 묘엄 스님의 언니 이름이 인자입니다. 그때 운허 스님이 도솔암에서 공부하는 우리를 걱정해 주시면서, 도솔암에까지 오셔서 살피시고 그랬지요. 그리고 그 무렵 연화사에서 진주 거사의 대표로 유명한 하 처사를 만난 기억도 있습니다.

불교정화운동의
현장에서

명성 스님 수행록

진주에서 공부를 하실 때 서울에서 불교정화운동이 시작되었습니다.
스님도 서울로 올라오셔서 정화운동에 참여하셨습니까?

● 그럼요. 서울에서 불교정화운동이 일어나자 진주에서 공부하던 스님들과 함께 다 같이 서울로 올라갔어요. 정화운동이 일어나니깐, 다 모여야 된다고 해서 다 같이 정화운동에 참석했지요. 운동을 하려면, 대중이 모여야 되지 않습니까? 그래서 다 올라간 거예요. 진주에서 『기신론』을 배우다가 올라간 것이지요. 간 것은 여름으로 기억을 하는데, 날짜는 모르겠어요. 묘엄 스님과 함께 서울에 올라갔어요.

그런데 그때 운허 스님은 우리가 서울에 가는 것을 반겨하지 않았어요. 공부에 전념하지 않는다고 은근히 싫어하셨습니다. 그러나 그때는 스님들이 서울에 다 모여야 하기에 올라가게 된 것이지요.

불교정화운동의 현장을 말씀해 주세요.

● 우리 비구니들은 처음에는 선학원에 기거하다가, 나중에는 대중들이 많아지니깐 조계사로 갔어요. 조계사 뜨락에서도 잤어요. 여름이어

불교정화운동 당시에 명성 스님이 참가한 전국승려대회(조계사, 1955. 8. 3.).

서 그렇게 하였을 거예요. 거기에서 자도 추운 줄을 모르고 잤어요. 그때 효봉 스님, 동산 스님, 청담 스님을 뵈었어요. 정화운동을 할 때는 비구스님보다 비구니스님의 숫자가 더 많았어요. 불교정화에 공헌한 바는 비구니들이 더 많았다는 것이지요.

그때 조계사에서 전국 승려대회가 열렸는데 승려대회가 열린 조계사 법당에서 구산 스님이 혈서를 써서 대중들에게 보여 주었던 장면을 기억하고 있습니다. 저는 지금 구산 스님의 혈서를 사진 찍은 것으로 갖고 있습니다. 그때 조계사에서 정화운동에 참석한 스님 수백 명이 단체로 조계사 법당 앞에서 사진을 찍었습니다. 최근 『불교신문』에 그 당시 정화운동 현장인 조계사 법당 앞에서 찍은 사진이 나왔는데, 그 사진(1955. 8.)을 자세히 보니깐 저도 그 사진에 나오더라구요. 제가 그런 사진을 찍을 때 빠질 리가 없지요. 정화운동 당시에 비구스님보다 비구니들이 더 많이 참석했습니다. 비구니들이 정화운동에 공로가 많아요.

스님이 지금 말씀을 하신 것은 1955년 8월의 내용입니다. 불교정화운동은 1960년 가을에도 또다시 있었습니다. 이때도 참여하셨나요.

● 그때도 참가했지요. 당시는 제가 선암사에서 강사를 하던 시절입니다. 그 무렵에 정화운동이 일어났는데, 우리는 조계사에서 묵언 연좌를 하면서 데모를 했습니다. 그런데 갑자기 숭산 스님이 나오셔서 대법원에서 스님 여섯 명이 할복을 했다는 말씀을 느닷없이 했어요. 그래서 단식을 하던 대중들이 놀라서 보슬비가 오는 가운데 걸어서 대법원으로 갔지요.

그래서 우리 대중들이 대법원에 가보니 경찰이 바리케이드를 쳐

불교정화운동 당시 대법원 마당에서 경찰과 대치하는 스님들(1960. 10.).
명성 스님은 경찰에 끌려가 용산경찰서에 수감되었다.

놓고 막아서더라구요. 그래도 우리 스님들은 시위를 했어요. 그러다 경찰이 트럭에 억지로 타라고 해서 탔는데, 우리는 조계사에 데려다주는 줄로 알았어요. 그러나 가보니 우리 일행을 용산경찰서에 내려 놓더라구요. 그래서 저는 용산경찰서의 구치소에 사흘 동안을 갇혀 있었습니다. 아주 작은 한방에 17명이 같이 잠을 자고 지냈어요. 저는 피곤하니 담요를 뒤집어쓰고 쿨쿨 잤어요. 그때 전라도 선암사의 총무로 있었던 자호 스님이 흰죽을 끓여 오더라구요. 그래서 죽을 먹었습니다. 그때 저는 경찰서에서 주는 주먹밥은 자존심이 허락하지 않아서 안 먹었습니다. 제가 어쩌다 유치장의 경험을 다 했는데, 그런 경험을 안 한 것보다는 한번 해 보는 것이 나쁘지는 않아요. 그때 할복 비구 중에 한 분이 월탄 스님이시고, 나머지 스님은 환속하고 입적하셨죠. 그리고 최근에 입적하신 월주 스님은 밖에서 많은 일을 해야 되기에 경찰서에 수감되지는 않았어요.

송광사 구산 스님은 불교정화운동 때 비구니 총림을 만들어야 한다는 주장을 했습니다. 그런 영향으로 동화사, 선암사에 비구니 강원이 등장한 것으로 보입니다.
● 구산 스님은 그때 조계사 법당에서 혈서를 쓰셨어요. 그러나 저는 구산 스님이 비구니 총림을 주장하셨다는 것은 못 들었어요. 처음 듣습니다.

명성 스님께서 비구니회장을 하실 때 펴낸 『한국 비구니의 수행과 삶』(예문서원)의 혜옥 스님 편에 스님이 개운사에서 개최된 『법화경』 법회에서 법문을 하셨다는 내용이 나옵니다. 그 전후 사정을 들려주세요.
● 정화운동(1955년) 직후, 저는 개운사로 갔습니다. 그 당시 개운사에는 금룡 스님(정금광)이 주지로 계셨어요. 개운사에서 성문 스님과 수덕사의 김일엽 스님과 같이 살았죠. 거기에는 김일엽의 상좌인 월송 스님이 일엽 스님 시봉을 하고 있었습니다. 개운사가 그때 비구니 처소였어요.

김일엽 스님에 대한 회고가 흥미롭습니다. 더욱 회고하여 주세요.
● 김일엽 스님은 한국 근대 최고의 비구니스님이지요. 제가 개운사에서 뵈었습니다. 그 스님을 시봉한 스님이 월송 스님입니다. 월송 스님은 저보다 조금 먼저 동국대를 입학해서 학교를 같이 다녔지요. 그리고 그때 그곳에 수덕사 견성암의 덕수 스님과 덕문 스님도 왕래를 했어요. 그 두 스님은 자매인데, 덕문 스님이 언니입니다. 그 스님들은 대비원(서울 종로)에 있으면서 왕래를 했어요. 그 후에 제가 수덕사 환희대에

명성 스님이 개운사에 머물던 시절(1956년) 사부대중과 함께.
3열 중앙에 명성 스님이 있다.

개운사에서 비구니스님들이 개최한 『법화경』 법회 기념 촬영(1955. 1.).
명성 스님도 법문을 하였는데, 3열의 맨 우측이 명성 스님이다.

명성 스님 수행록

가서 월송 스님을 만났습니다. 최근 제 구순 생일 때 편지와 선물을 보낸 일이 있습니다.

스님이 개운사에서 법문을 하셨다고 알고 있습니다. 그 전후 사정을 들려주시지요.

● 그때 개운사에서 『법화경』 산림 법회가 있었는데 비구니 3대 법사로 불리운 금룡 스님, 혜옥 스님, 수옥 스님이 번갈아 가면서 『법화경』의 법문을 했습니다. 그런데 1주일이 되었는데도 다 하지 못하자, 하지 못한 남은 것을 까마득한 후배인 나와 묘엄 스님에게 하라고 해서, 받아서 당당하게 법문을 한 일이 있어요. 일엽 스님도 등단을 하시라고 하니깐 극구 사양을 하시고, 법문하는 것을 지켜보기만 하셨지요. 그 법문을 하고 찍은 사진을 제가 갖고 있는데, 거기에 저도 나오더라구요. 사진에는 불기 2982년 1월 12일로 나옵니다. 이것은 1955년 1월 12일을 말하는 것 같은데, 그 시점은 내 기억에는 없어요. 그때 법회를 주관한 마야부인회에서 법회 회향을 할 때 법사스님들에게 수고했다고 은으로 만든 가사 고리를 주었어요. 성남호텔의 사장인 장대보화 보살이 선물로 준 것입니다. 그래서 저도 받았지요.

개운사 주지가 비구니스님이었다는 것이 놀라운 일입니다.

● 불교정화에 비구니스님들이 공로가 많아서 종단에서 배려한 것입니다. 제가 거기 개운사에서 오래(1년쯤) 살았어요. 그래서 거기에 있으면서 대비원에 계신 명봉(明峰) 스님에게 가서 『금강경』을 단독으로 배웠어요. 독선생으로 모시고 배웠죠. 강사로 유명한 명봉 스님이 거기 계신다는 것을 소문으로 알게 되어서, 제가 자청을 해서 배우게 되었죠.

명봉 스님이 유명한 강사니깐 자연히 알게 되죠. 그래서 개운사에서 대비원까지 걸어 다니면서 배웠죠. 대비원도 비구니 절이었습니다. 그 때 거기에서 수덕사의 덕문 스님, 덕수 스님을 만나기도 했어요.

명봉 스님도 유명한 강사이십니다. 해인사 강원에도 계셨고, 그 무렵 법정 스님도 그 스님에게 배웠을 것입니다. 비구스님들이 그 스님에게 배운 분이 많아요.

『대한불교』의 1960년 7월의 기사에 의하면 선학원과 조계사에서 법화경 법회가 있었다는 내용이 있습니다. 그 사진에 스님이 나오십니다.

● 그것이 언제인지 그 시점은 기억이 나지 않는데, 선학원에서 『법화경』산림을 또 하게 되었어요. 그것을 하게 된 것에는 성남호텔 사장인 대보화 보살의 원력이 작용을 했습니다. 그 보살이 마야부인회 회장을

명성 스님이 조계사 법당에서 『법화경』법문을 하는 장면(1960.7.)

명성 스님 수행록

했거든요. 마야부인회는 선학원을 거점으로 활동을 해서, 그 법회가 열렸을 것입니다. 하여간 그 보살이 발기를 해서 1주일을 했어요. 그런데 대중이 많이 모여서 마지막 날에는 조계사 법당에서 했습니다. 그때만 해도 비구니가 법상에 올라가서 하느냐, 서서 하느냐, 의자에 앉아서 하느냐로 의견이 분분했는데 결국 의자에 앉아서 했어요.

그 법회는 비구니 강원이 있었던 선암사와 동학사 스님들이 함께 참여를 했어요. 선암사의 총무 자호 스님이 주관하고, 동학사는 효성 주지스님이 나섰지요. 강사로는 저하고, 동학사의 자흔 스님이 했어요. 동학사의 또 한 스님도 했는데 이름이 생각이 안 납니다. 제가 마지막 날 조계사 법당에서 법문을 할 때 종단의 회의를 마친 비구 큰스님들이 와서 들었습니다. 동산 스님, 청담 스님, 서운 스님, 일타 스님 등이 그때 계셨습니다. 그런 큰스님들이 오셔서 들었는데도 저는 떨리지 않고, 더 힘이 나서 했어요. 큰스님들이 저의 후광처럼 보여서 더 자신 있게 법문을 하게 되었어요. 그때 제 나이가 서른 살이 되었을 때입니다. 그때 그 법문을 하는 현장에 있었던 현호 거사는 이거는 전무후무한 일이라고 했어요. 그렇게 극찬을 했습니다. 그래서 그때의 총무원장이신 서운 스님께서 강사와 주최한 스님에게 공로 표창장을 주셨습니다. 물론 저는 당연히 받았지요. 그 표창장을 주는 자리에서 청담 스님, 대의 스님, 현호 거사의 격려사가 있었지요.

동학사와 선암사에서
경전을 연구하다

명성 스님 수행록

1차 정화, 즉 1955년 불교정화운동이 끝난 이후 스님은 어떤 행보를
가셨습니까?

● 저는 개운사에 머물면서 대비원의 명봉 스님에게 경전을 배웠어요.
그러다가 '경을 본격적으로 배워야 하겠다'는 다짐을 하고서는 그 무렵
에 본격적으로 비구니 강원으로 최초로 생긴 동학사 강원으로 갔지요.
그때 그곳에는 경봉 스님이라는 강사스님이 비구니들을 위한 강원이
동학사에 세워지자, 정열적으로 강석을 열고 계셨습니다. 한국 현대
불교계에 경봉 스님은 두 분이 계십니다. 한 분은 통도사의 선사인 경
봉 스님이시고, 또 한 분은 강백인 경봉 스님이십니다. 강백 경봉 스님
은 일제 강점기 때는 건봉사 강원에서 강사를 하신 스님이에요.

그 무렵 대구 동화사에 비구니 총림이 새롭게 등장하였는데, 스님은 동화사
총림으로 가지 않고 경전을 본격적으로 배우기 위해 동학사로 가셨군요.

● 그래요. 그 당시 비구니들이 정화운동에 공로가 많자, 종단과 큰스님
들이 중요한 사찰에 비구니들을 주지로 임명했습니다. 그곳이 선암사,

동학사, 김룡사, 개운사, 대원사, 청암사 등이었는데 대구에 있는 교구 본사인 동화사에는 비구니 총림을 세우게 배려하였어요.

그래서 동화사 주지는 성문 스님이, 총무는 석남사의 인홍 스님이, 교무는 대원사의 법일 스님이, 재무는 정안 스님이 맡았어요. 성문 스님은 광우 스님의 은사이십니다. 하여간 그래서 비구니스님들이 동화사를 1955년 가을에 들어갔어요. 그런데 동화사를 맡아서 얼마간 하였는데, 종단에서 비구니들을 나가라고 했어요. 비구스님들이 동화사에 들어가게 하고, 그 대신으로 비구니들이 운문사에 들어가게 되었죠. 그래서 그때부터 운문사가 비구니 사찰이 되고, 운문사에 비구니 강원이 만들어지게 된 것입니다.

운문사의 초대 비구니 주지는 개운사의 법화경 산림 때 법사를 하셨고 부산 소림사에서 『열반경』 법문을 할 때 방광을 하였다는 금룡 스님이었어요. 운문사 두 번째 주지는 수인 스님, 그 다음이 묘전 스님이고 그 후에는 태구 스님과 혜운 스님이 하셨어요. 그 후에는 제가 1970년에 들어가서 강사를 하다가 1977년부터 1998년까지 20년간 주지를 했습니다. 후임으로는 제자인 혜은, 흥륜, 진성, 일진, 진광, 운산, 진성 (재임) 등이 주지를 계속하였어요.

이제부터는 스님이 동학사 강원에서 배우신 것을 말씀해 주세요.
● 동학사에 가니까 경봉 스님이 강사로 계시는 거예요. 저는 거기에 가서 강원의 상반이 되었지요. 거기에서 『원각경』을 배웠습니다. 제 상좌 (혜광)가 그곳의 교무를 살았는데, 예전의 기록을 보니깐 제 이름이 제일 꼭대기에 나오더래요. 그곳에서 배울 때 기억이 나는 것은 경봉 스님께서 저를 엄청 아끼셨어요. 제가 큰소리로 경전의 글을 읽으니깐,

"작은 소리로 읽어라, 평생 써먹을 목청을 함부로 쓰면 안 된다"며 몸에 해롭다고 조용하게 읽으라고 하셨어요. 그렇게 저를 아끼시면서 신경을 써 주셨습니다. 그리고 강원 졸업식 때 제가 답사(答辭)를 했어요. 그때 읽었던 답사가 지금 서봉사의 캐비닛에 있습니다.

혹시 동학사에 계실 때 묘엄 스님을 보셨나요. 그리고 묘엄 스님의 도반으로 불렸던 혜성 스님은 같이 배우셨나요.

● 제가 거기에서 배울 적에는 묘엄 스님은 동학사에 없었습니다. 그러나 혜성 스님은 그곳에서 같이 있었는데, 제 아랫반이었습니다. 나이는 제 또래였고, 공부는 열심히 했고, 후배 학인들이 모르는 글자가 있으면 혜성 스님에게 가서 물어보더라구요. 후배 학인을 잘 지도했습니다. 그만큼 그 스님은 학구적이었어요. 제가 거기에서 나온 이후에는 본 적이 없는데, 비구니계에 나타나지 않고 도봉산의 석굴암에 있다는 말은 들었어요.

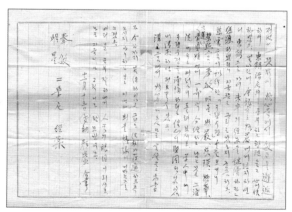

명성 스님이 동학사 강원에서 공부할 때 운허 스님이 보낸 편지.
자운 스님이 간행한 『무량수경』을 보내면서 공부 잘하라고 덕담한 내용이다.

명성 스님의 동학사 강원 제1회 수료 기념(1957. 2. 15.). 4열 중앙이 명성 스님이다.

명성 스님께서 동학사 시절부터 이용한 포교대사전을 갖고 당시 상황을 회고하는 모습.

혜성 스님은 그 후에 묘엄 스님의 도반이 되었고, 경봉 스님과 운허 스님에게 전강을 받았다고 하지요. 동학사에서 같이 있던 스님은 봉민 스님, 화련 스님입니다. 그 스님들과 같이 살았어요. 지금 비구니회 원로의장이 된 수현 스님은 저의 동학사 강원 후배이지요.

그런데 스님은 동학사에서 강원 교육을 다 마치지 않고, 선암사로 가셨지요.
● 약 반년간 동학사에서 배우고, 선암사로 나 혼자 가게 되었습니다. 경봉 스님이 저를 아껴서 내일부터 입승을 살아야 하는데, 그 소임을 내동댕이치고 선암사로 갔어요. 경봉 스님이 나한테 전강(傳講)하려고 점을 찍어 놓고 그랬는데 선암사로 간 것이지요. 시골 사람 호미 자루 팽개치고 서울 오듯이, 시골 아가씨가 서울 가듯이, 선암사로 갔어요. 그때 제가 버스를 타고 급히 도망을 가다 보니, 축소판으로 된 포교 사전을 버스에 빠뜨리고 왔어요. 그래서 다시 가서, 찾아서 온 일도 있습니다. 그 사전은 일어로 된 『포교대사전』(법장관, 1931)이었습니다. 저는 동학사에서 버스를 타고 대전으로 나와서, 선암사 가는 버스로 갈아탔을 때 그 사전을 잃어버린 걸 알았어요. 그래서 다시 대전으로 되돌아가 버스 회사로 가서 찾아보니 제가 탔던 버스 바닥에 떨어져 있더라구요. 그때 그 사전을 아직도 보관하면서 활용하고 있습니다. 그 사전과 나와의 인연이 참으로 신기한 일이지요.

그 『포교대사전』은 스님의 역사에서 귀한 대상이었군요.
● 그렇지요. 저는 그 사전에 나온 내용을 읽고 법문에 많이 활용했어요. 그중 기억에 남는 것 두 가지만 이야기를 해보지요.
　　우선 첫째는 옛날에 충성스러운 신하의 이야기가 있었습니다. 그

신하는 맛있는 복숭아를 혼자 먹다가, 혼자 먹기가 너무 아까워서 임금님께 드리며 "드세요, 맛있어요" 하였답니다. 그런데 얼마 후에는 충성이 희박해져서 자기 엄마가 아프다는 말을 듣고서는 임금의 말을 타고 갔어요. 신하가 왕의 말을 타면 안 되잖아요. 그래서 임금이 그 신하에게 "내가 저놈이 주는 복숭아를 받아먹었더니, 분수를 모르고 버릇이 없이 내 말을 함부로 타고 간다"라고 질책을 했다는 내용이 있어요. 아마 이것은 제 분수를 지켜야 한다는 말로 이해돼요.

그리고 두 번째는 아육왕에 대한 것입니다. 아육왕은 포교를 많이 한 왕이 아닙니까? 그런데 아육왕도 왕의 전반기 생에는 폭정을 많이 저질렀어요. 그러다가 후반기 생에는 참회와 반성을 해서 좋은 일을 많이 했습니다. 그러면서 불교에 귀의를 해서, 불교를 널리 알렸지요. 제가 이런 내용을 전두환 대통령이 백담사에 있을 때 가서 이야기를 해주었어요. 그랬더니 전두환 대통령이 제가 말하는 아육왕의 이야기를 눈을 지긋이 감고 듣더니 감화를 받았는지 그 후에 저를 두 번이나 당신 집(서울 연희동)으로 초청을 했습니다. 그때 계호 스님도 같이 갔는데, 봉투도 두둑이 받았지요. 선물도 보내줘서 받았지요. 아육왕을 주제로 해서 동국대에서 박사학위를 받은 스님이 삼천사의 성운 스님입니다.

왜 선암사로 가시게 되었나요. 그 연유가 궁금합니다.

● 불교 정화 이후에 선암사도 비구니가 맡아서 들어갔어요. 그리고 선암사에도 비구니 강원이 생긴 거예요. 그때 선암사 총무로 있었던 자호 스님을 불교정화 때 서울에서 만났습니다. 그 자호 스님이 저를 잘 봐서, 선암사에서 『화엄경』을 같이 보자는 권유의 말을 해서 그래서 선암사로 간 것이지요. 그때 선암사 가는 길이 너무너무 힘들더라구요.

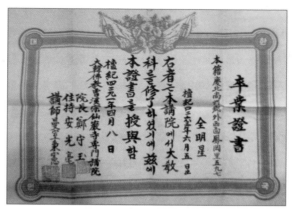

명성 스님의 선암사 강원 대교과 수료 증서(1960. 4.).

선암사 강원에서 소정의 과정을 마치고 기념 촬영한 스님들. 2열 좌측 두 번째가 명성 스님이다.
중앙에 자호 스님(종무), 학감(비구스님), 안광호 스님(주지)이 있다.

比丘尼界의 重鎭 장자호 스님入寂

자호 스님의 영결식(조계사) 보도기사.

선암사에서 자호 스님과 함께 한 명성 스님(1959년 무렵).

선암사에 들어갈 때 저 혼자서 갔어요. 자호 스님은 수옥 스님의 상좌인데, 정화운동 당시에 비구니들을 이끌던 젊은 지도자였어요. 개운사의 실질적인 총무였고, 선암사도 왔다갔다하면서 총무 소임을 보았지요. 이 스님은 1965년에 일찍 입적했는데, 조계사에서 영결식을 했습니다. 만약 이 스님이 오래 살았으면 제가 비구니회장을 안 하고, 자호스님이 회장을 했을 것입니다.

선암사에서 보고 들은 것을 들려주세요.

● 전라도에 있는 선암사에 가니깐 안광호 스님이 주지이고, 자호 스님은 총무였어요. 선암사도 굉장히 큰 절입니다. 비구니가 맡은 절 중에서는 제일 커요. 그래 거기에 가서는 처음에 80 『화엄경』을 배웠습니다. 『화엄경』은 만우(曼宇) 스님에게 배웠습니다. 제가 1958년 4월에 받은 선암사 강원의 대교과 졸업장에 수옥 스님이 원장, 주지는 광호 스님, 만우 스님이 강사로 나옵니다. 만우 스님은 대처승인데, 속명은 정병헌(鄭秉憲)이라고 그래요. 화엄사 출신인데 지리산 강백으로 유명한 진진응(陳震應)의 제자입니다. 진진응은 보통 유명한 분이 아닙니다. 일제 강점기 때는 남진응, 북한영으로 지칭된 분입니다. 성능 스님은 유명한 강백이었는데, 그분의 할머니(부인)가 강의를 해주면서 받는 대가인 설경료(舌耕料)를 왜 제때 안 보내 주냐며 막 뭐라고 그랬어요. 지금 갑자기 할머니 말이 생각이 나네요. 강의료를 설경료로 표현한 것이 특이하지 않습니까?

그런데 만우 스님이 4·19 혁명 직후에 대처승이 선암사에 들어오게 되자 대처승으로서 비구니들을 가르치는 것이 입장이 거북하니깐 나가버렸어요. 대처승들이 만우 스님에게 당신은 대처승이면서 왜 비

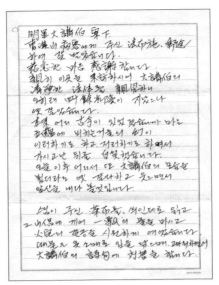

선암사의 지허(태고종 종정 역임) 스님이 명성 스님에게 보낸 편지(2001).
지허 스님은 명성스님이 선암사 강사 시절에 동거한 태고종 승려이지만
명성 스님의 인품과 실력을 인정한다는 내용이다.

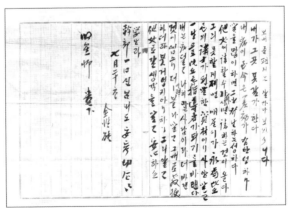

선암사의 강백인 성능 스님이 명성 스님에게 보낸 편지.
명성 스님이 강사로 학인들을 잘 가르치라는 당부의 내용이다.

명성 스님 수행록

구승 쪽의 비구니들을 가르치냐고 따지니깐 입장이 난처하였던 것이죠. 그 스님은 선암사를 나와서 서울의 승가사로 가신 것으로 알고 있습니다. 하여간 그때 우리가 잘 살고 있는데, 대처승들이 쳐들어왔어요. 그래서 대웅전을 중심으로 동쪽(심검당)에는 비구니, 서쪽(설선당)에는 대처승들이 살고 그랬어요. 그래서 재판이 붙었죠.

선암사에서 스님의 소임과 가장 기억에 남는 일은 무엇입니까?

● 저는 처음에는 재무를 보았지요. 그러다가 강사를 하게 되었어요. 어느 날, 눈이 펄펄 오는데 숯을 굽는 데 가보자고 해서 태경 스님과 함께 험한 산을 올라가 본 적도 있습니다. 만우 스님의 후임으로 오신 성능(性能) 스님이 저에게 강의하는 것을 넘겨주는 전강을 해 주셨습니다. 성능 스님은 박한영의 제자로 해인사와 통도사에서도 강의를 하신 훌륭한 강사이십니다. 어느 날 아침, 당신이 앉으시던 좌복을 중강을 하는 저한테 밀어주는 거예요. 그게 전부입니다. 그리고서는 "오늘부터는 여기에 앉아서 강의를 하라"고 말씀하셨어요. 좌복 하나 받은 것이 전강의 전부예요. 성능 스님께서 보여 주신 그날의 전강 자리는 그 어떤 호화로운 것보다 더한 것이었습니다. 내게는 그래서 더 무겁고 고귀하여 가슴 벅찬 자리였다고 생각합니다.

스님의 서간집에 보면, 성능 스님이 스님에게 보낸 그 당시 편지가 나옵니다. 거기에는 스님이 강사 자격이 있으니 열심히 강의하라는 내용이 나와요. 이 편지를 받은 전후 사정은 무엇인가요.

● 그것은 성능 스님이 나에게 『화엄경』을 강의하시다가 갑자기 방석을 전해주는 전강을 해주시고는, 선암사를 떠났어요. 그러나 저는 스님에

게 편지를 써서 스님이 더 하시라는 뜻을 전했습니다. 그랬더니 성능 스님께서 당신은 나이도 많고, 저한테 가르칠 능력이 있으니 열심히 하라는 격려의 말씀을 하셨어요.

그 이후에 만우 스님, 성능 스님을 만나셨나요.
● 제가 선암사를 떠난 이후에는 그 두 스님을 만나 뵙지는 못했어요. 성능 스님은 그 후에 개심사로 가서 비구니들을 가르쳤다는 말은 들었습니다.

선암사에서의 회고는 주목할 내용이 많군요. 다른 이야기를 더 들려주세요.
● 선암사 강원의 원장은 수옥 스님입니다. 제가 거기에서 대교과를 마치고 받은 증서(1958.4.)에는 선암사 강원의 원장은 수옥 스님으로 나와요. 그런데 수옥 스님은 거기 상주하지는 않았고, 그때도 제가 말을 들어보니 수옥 스님이 원장이라고 그러대요. 그리고 그 당시 강원 대중은 30여 명 이상이 되었어요. 그때 태경 스님과 같이 살았고, 비구니회장을 한 명우 스님과 보각 스님도 거기에서 배웠죠.

선암사에서 법문은 안 하셨나요.
● 저는 만세루에서 『금강경』 법문을 한 적도 있어요. 그리 법문을 하면 암자에서 고시 공부하는 대학생이 와서 들어요. 그리고 대처승 스님들도 엿들었어요. 선암사 만세루는 운문사 만세루의 반밖에 안 돼요. 또 저는 강사가 된 이후에는 원통전(법당)이라는 독채를 받아서 살았어요. 원통전에서 반야부 600권을 무토로 다 읽었어요. 그렇게 읽으면 지나가는 사람들이 걸음을 멈추고서 제가 경 읽는 소리를 들었죠. 지금 태고종 종정을 하는 지허 스님이 그때 거기에 있었는데, 내 밑이었어요.

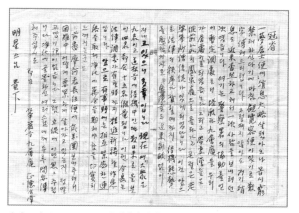

송담 스님(정은 스님, 법보선원)이 선암사 시절, 불교정화운동 자금을 보내준 명성 스님에게 보낸 감사의 편지(1960년).

순천 선암사 비구니 강원 학인들과 신도들(1959. 5.). 뒷줄 좌측 네 번째가 명성 스님이다.

그리고 원통전에는 대복전(大福田)이라는 글씨가, 역사적으로 유명한 사람이 쓴 현판이 걸려 있었습니다. 그것은 조선 시대의 왕인 정조가 눌암 대사에게 100일 기도를 시켜서 순조를 얻었대요. 그래서 순조의 글씨로 그 현판이 만들어져서 걸려 있다고 합니다.

선암사에 계시다가, 청룡사로 올라와서 동국대를 다닌 것으로 알고 있습니다. 선암사에서 왜 나오셨나요.

● 선암사에 제가 한 5년을 있었나? 거기에서 강사를 하고 있었는데 우리와 대처승이 재판이 붙었어요. 그때 순천에서 재판을 하였는데, 제가 증인으로 나서서 판사에게 "판결을 오판하면 판사님 지옥에 갑니다"는 말을 했습니다. 그랬더니 판사가 '지옥이 어디에 있냐'고 그러대요.

그리고 그때 재판을 하는 사람들이 선암사에 와서 현장 조사를 할 때 월주 스님, 진여 스님, 혜정 스님이 선암사에 직접 와서 증인을 서 주셨어요. 재판 붙으면 이 스님들이 종단 활동을 많이 해서 똑똑하니깐 와서 증인을 서고 그랬어요. 이 세 스님이 친해서 그때 삼륜차로 불렸어요. 그런데 혜정 스님은 입적하셨고, 월주 스님은 2021년에 입적하셨어요. 진여 스님은 강원도 토굴에 있다는 말은 들었습니다.

또 그런 재판이 있을 때 제가 진주 연화사의 법당에 가서, 등단을 해서 대담스럽게 신도들을 상대로 "지금 선암사가 대처승들과 재판 중인데 스님들이 식량이 있어야 먹으면서 싸울 것이 아니냐, 그러니 협조해 주세요"라고 호소를 하였어요. 그랬더니 제 말을 들은 신도들이 동참을 해서 돈을 건네주더라구요. 희유한 일입니다. 그래서 받은 돈을 삼등분 하여 천은사, 화엄사, 선암사로 나누었어요.

그때는 이 세 절이 한 식구처럼 살았어요. 그러자 그때 화엄사에 있었던 송담 스님이 돈을 보내줘서 고맙다는 편지가 왔어요. 그 편지를 제가 지금도 보관하고 있습니다. 예전에 제가 보관한 편지를 모아서 낸 책(『꽃의 웃음처럼 새의 눈물처럼』, 불광출판사, 2010)에도 실려 있죠. 그때 선암사의 노장 비구니인 마하 스님에게 돈을 줘서 화엄사의 송담 스님에게 보냈어요. 그랬는데 돈을 전해 준 마하 스님이 바로 돌아오지 않아서, 바다에 빠진 것이 아니냐고 걱정을 많이 했어요. 그런데 나중에 보니 바다에 빠진 것은 아니었어요. 지금 생각이 나는 것은 제가 선암사에서 『화엄경』을 배우고 있으면서 노(老)비구니들이 살던 선암사의 북쪽에 있었던 선방에 가서 제가 『화엄경』을 한글로 번역한 것을 갖고 설명을 해줬어요. 즉 『화엄경』을 해설하여 읽어주고 그랬어요.

선암사에서 하신 다른 법문이 있으면 들려주세요.

● 그 무렵에 제가 광주에 볼일이 있어서 갔어요. 그때 우연히 윤주일 선생님을 만났는데 제가 선암사 강원의 화엄경반이라고 하니깐, 거사들에게 대승경전에 대한 것을 이야기를 해달라고 해서 했어요. 그런 즉설주왈(卽說呪曰)의 법문을 해준 일도 있습니다. 저는 좋게 한 것도 아닌데, 윤주일 선생님이 칭찬을 하였던 것이 생각납니다.

선암사는 스님에게 특별한 사찰이었군요.

● 그래요. 선암사에서 여러 인연을 만들었습니다. 제가 여기 운문사에 있으면서 언제인가 송광사 가는 길에 선암사를 한번 들려서 가보았습니다. 태고종 스님들이 저를 비롯한 우리 일행을 귀빈실에다 모시더라구요. 제가 그때 그 스님들에게 "제가 태고종의 스님들과 싸우고 그랬지만, 다정하게 지냈습니다"고 하니깐 자기들도 웃고 그러더라구요.

동국대와 청룡사에서
배우면서 가르치다

명성 스님 수행록

스님이 선암사에서 청룡사로 가시게 된 연유를 들려주세요.

● 5년간 잘 살고 있었던 선암사에서 우리 비구니들이 대처승에게 패소하게 되자, 쫓겨나는 심정으로 할 수 없이 나온 것이죠. 그때가 1960년 가을 무렵 같아요. 저는 갈 곳이 마땅치 않았지만, 본공 스님과 친근한 김윤호 스님의 절인 서울 청룡사로 가게 되었지요. 본공 스님께서 제가 거기 가서 있으라고, 머물 수 있도록 연락을 해 주셨어요. 본공 스님과 윤호 스님이 친했거든요.

청룡사로 가신 것도 스님에게는 인생의 전환점이 되었죠.

● 그렇습니다. 전화위복이 되었는지도 모르죠. 저 개인으로 봐서는 전화위복이 되어 거기에 있으면서 동국대를 다녔고, 후배 학인들을 많이 가르쳤습니다. 안 쫓겨났으면 동국대를 안 갔겠지요. 청룡사는 조선 시대에 비구니스님들이 살던 절인 정업원이 있었던 절입니다. 그리고 단종 대왕이 그의 부인(정순왕후)과 이별을 한 곳입니다. 이런 곳에서 열린 비구니 강원에서 강사를 하였던 것이지요.

동국대에 입학을 해야 하겠다는 생각을 어떻게 하시게 되셨나요?

● 대처승에 패소를 해서 선암사에 있었던 스님들이 다 나오게 되었습니다. 어떤 스님은 동학사 강원으로 가고, 어떤 스님은 선원으로도 가고 그랬어요. 의정부 석림사의 보각 스님은 동학사로 갔습니다. 뿔뿔이 흩어진 것이지요. 자호 스님은 탄허 스님이 계시던 영은사로 갔습니다.

그러나 저는 학문을 하기 위해서는 동국대학교에 가야 되겠다는 생각을 하게 된 겁니다. 여러 가지 학문을 겸학(兼學)을 해야만 현시대에 부응하는 포교를 할 수 있겠다는 그런 생각도 했어요. 이런 생각을 선암사에 오기 전에도 쭉 했어요. 출가한 초기부터 그런 생각을 한 것이지요. 강사 생활을 하면서 더욱 그런 필요성을 느꼈습니다.

스님들은 반드시 절에서 공부하는 내전(內典)과 일반 대학에서 배우는 외전(外典)을 겸학해야 합니다. 세속의 바깥사람보다 수행력으로

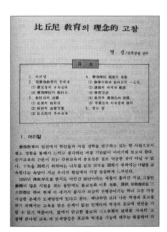

명성 스님이 『석림』지에 기고한
비구니 교육에 대한 글.

나 지식으로나 뒤떨어져서는 안 됩니다. 뒤처진다면 수행자로서 자격 미달입니다. 공부한 내용을 갖고 포교를 해야 하는데 동문서답을 하면 어떻게 불법을 전하고 인천(人天)의 사표가 될 수 있겠습니까? 확고한 사상을 심어주어, 바른 삶으로 인도해주기 위해서는 배워야 하기에 자연스럽게 동국대로 진학을 하게 되었지요.

동국대에 입학한 내용과 같이 배운 동창생이 누구였는지를 들려주세요.
● 저는 입학시험에 필요한 졸업증명서를 떼기 위해 강릉까지 가서 강릉여고의 졸업증명서를 갖고 왔습니다. 그리고 시험을 봐서 합격을 했어요. 1961년의 동국대 불교학과 제 입학 동기로서 같이 학교에 다닌 사람은 한정섭, 조재호, 공철 스님, 동국대 교수를 지낸 박선영, 혜성 스님의 동생인 이근우, 김봉식, 홍성숙 등입니다. 한정섭은 금강선원을 운영하였는데, 지금은 활안 스님이라고 하지요. 이근우는 청담 스님 상좌인 혜성 스님의 동생으로 청담고등학교 교장을 지냈죠. 조재호는 동국대 미국 분교의 총장을 지냈어. 제 동창들은 쟁쟁하고, 똑똑한 분들이 많았어요.

　홍성숙은 그 후에 제 유발상좌가 됐습니다. 비구니로서 동국대에 최초로 다닌 스님은 광우 스님이고, 그 다음은 수덕사 김일엽 스님의 상좌인 월송 스님입니다. 그리고 제가 세 번째입니다. 제 뒤로는 묘엄 스님, 태경 스님, 명우 스님입니다.

강의 과목과 기억에 남은 교수님들은 누구신가요.
● 김동화 박사님이 제일 기억에 남아요. 그리고 장원규 교수님과 김잉석 교수님도 생각납니다. 김동화 박사님에게는 불교학 개론과 유식을

들었어요. 장원규 교수님에게는 중국불교사를, 김잉석 교수님에게는 화엄학, 조명기 교수님에게는 불교문화사를 배웠죠.

학교의 등록금은 어떻게 해결을 하셨습니까?
● 제가 머문 청룡사에서 반 정도는 대주었어요. 그래서 그 보답으로 청룡사에서 처사들에게 『금강경』의 법문도 해주고 절의 일에 도움이 되도록 했습니다. 대학교 2학년부터는 관음클럽에서 주는 장학금을 받아서 큰 도움이 되었어요. 그 무렵에 고익진 교수도 그 장학금을 받은 것으로 알고 있어요.

학교 성적은 어떠하셨는지요.
● 글쎄요? 세월이 오래되어서 그런지 구체적인 것은 몰라요. 비교적 성적은 좋았을 것입니다. A를 많이 받았어요.

학교생활에서 기억이 나는 것이 있다면 무엇입니까?
● 저는 청룡사에서 도시락을 싸서, 학교를 늘 걸어서 다녔습니다. 차비도 아끼고, 건강에도 좋기에 늘 걸어 다녔어요. 한 40분이 걸리지요. 전차도 있었지만, 버스를 타면 초만원이 되어서 아주 불편하고 고통스러웠습니다. 그래서 걸어 다니면서 한문 어록을 외우면서 다녔죠. 그리고 관음기도를 집중적으로 많이 했어요. 그래서 공부에 오히려 도움이 되었어요.

방학 중에 탄허 스님, 관응 스님에게 배우시지는 않으셨나요.
● 탄허 스님에게는 강원도 영은사에 가서 방학 한 달 동안 머무르면서

명성 스님이 청룡사에서 머물 때, 신도들과 함께 한 장면.

장자를 집중적으로 배웠지요. 그리고 관응 스님에게는 용주사 주지를 할 때 가서 『대학』을 배웠습니다.

학교에 다니면서 따로 배운 것, 혹은 봉사 활동은 없었나요.
● 제가 3학년 때 서대문교도소에 가서 법문을 했어요. 교도소의 죄인들을 위해서 했어요. 월운 스님은 남자 죄수에게, 저는 여자 죄수에게 했지요. 거기 규정상에 남자 죄수에게는 여자가 못 들어가고, 여자 죄수에게는 남자가 못 들어갑니다. 그래서 제가 여자 죄수들을 상대로 법문을 하러 다녔습니다. 한 2년을 한 것 같아요. 제가 그렇게 한 것은 불교를 널리 알려야 하겠다는 마음으로 했어요. 포교는 우리의 사명이 잖아요. 자연히 하게 된 것입니다.

또 다른 봉사는 없으셨습니까?
● 그리고 숭산 스님이 종단에서 활동을 하다가, 일본의 홍법원에서 포교를 하지 않았습니까? 가시기 전에 저를 불러서 당신이 하시던 『선가구감』의 강의를 대신 해달라고 해서 한 적도 있었습니다. 숭산 스님이 하시다가 남은 것을 제가 한 것이지요. 일반 신도들을 대상으로 한 것이었는데, 그 장소는 시내의 집을 얻어가지고 했습니다. 3학년 때 했는데, 1년 정도 한 것으로 기억해요.

스님이 붓글씨로 국전 입선을 하였다고 알고 있는데, 붓글씨는 언제 배우셨나요.
● 그것도 학교에 다니면서 배웠어요. 일중 김충현 선생님의 청계천에 있는 건물 2층에 있는 서예학원에 가서 배웠습니다. 그 두 형제, 일중

김충현과 여초 김응현이 동방연서회를 세워서 후학을 길렀지요. 이 두 선생님에게 제가 배운 것이지요. 국전 입선은 1966년에 왕희지체로 반야심경을 써서 했습니다.

붓글씨를 배울 때는 줄 긋기부터 합니다. 가로, 세로, 줄 긋기를 하고 중봉으로 긋는 연습부터 하지요. 그리 시작을 해서 점차적으로 행서, 예서, 전서 이렇게 배웁니다. 그렇게 해서 제가 네 가지 체를 다 배웠어요. 그리고 나서 한글로도 배웠지요.

붓글씨도 수행의 과정이지요.

● 그렇지요. 붓글씨를 그냥 쓰는 게 아니라, 저는 향을 피워 놓고 기도를 우선 하면서 씁니다. 일단 정성이 들어가야 하지요. 정신 집중이 되는 거예요. 그렇게 수행 차원에서 썼지요. 동국대에서도 열린 동국서예전(동국사상연구회 주최)에서도 총장상과 이사장상을 받았습니다. 백성욱 총장에게 받았습니다. 그런 결과로 국전 입선도 했는데, 그때 신문에 났어요.

그래서 그 후에 서봉사에 세워진 본공 스님 비석의 비문은 동국역경원장을 하신 운허 스님이 짓고 글씨는 제가 쓴 것입니다. 그리고 내원사의 수옥 스님 비석의 문장은 총무원장을 역임한 지관 스님이 짓고, 글씨는 제가 쓴 것으로 세워져 있어요. 이런 인연으로 여기 운문사의 설현당과 피하당의 글씨는 김충현 선생님의 글씨이고요, 관음전과 명부전은 김응현 선생님 것이 걸려 있지요. 그런 인연으로 서예 대가들의 글씨가 운문사에 있습니다. 그리고 운문사 경내에 제가 쓴 글씨로 해놓은 것이 열여덟 개나 됩니다. 사리암, 문수선원, 수월교, 불이문, 화운교 등입니다.

스님은 영어를 외국인 대사 부인에게서도 배웠다고 알고 있습니다.

● 저는 청룡사에 있을 적에 아침에 라디오에 나오는 영어 방송을 통해 혼자 영어를 배웠어요. 그러다가 서울에 있는 외국인 대사 부인에게 배웠지요. 영어 회화를 배웠는데, 그때 갓을 쓴 한국인 남자도 와서 같이 배운 기억이 나네요. 그리고 청룡사 강원에서 영어반을 만들어서 학인들과 함께 유성기에 영어가 나오는 것을 틀어 놓고 같이 배웠습니다. 유성기를 사다가 학인들과 같이 배웠어요. 어느 나라 대사 부인인지는 기억에 없는데, 저에게 친절하게 대해주더라구요.

스님은 학부 과정을 마치고 바로 대학원에 진학을 했습니다. 그렇게 진학한 연유를 말씀하여 주세요.

● 저는 그때 배우겠다는 에너지가 있었어요. 학문을 수학해서 지식으로 내실을 갖고 있어야만 다른 사람을 교화할 수 있는 밑받침이 되기 때문에 꼭 배워야 하겠다는 필요성을 느꼈습니다.

그 당시에도 비구니스님이 대학원 진학을 하는 추세였습니까?

● 그 당시에는 대학원에 진학하는 스님은 극히 드물었어요. 그 당시만 해도 보수적이어서 스님이 학교에 가면은 혹시 환속을 하지 않을까 하는 우려가 많았어요. 노스님, 나이 잡수신 어른들은 그런 기우를 가지고 있었죠.

스님은 석사 논문을 유식에 대한 주제로 하셨습니다.

● 그렇지요. 제가 김동화 박사님에게 영향을 받아서 대학원 진학을 하게 되었습니다. 유식은 일체 우주 만물이 전부 아뢰야식(阿賴耶識)으로

부터 나왔다는 것이기에 제가 관심을 좀 가졌어요. 그래서 석사학위를 초능변식(初能變識)으로 하였지요.

유식에 대한 공부는 어떻게 하셨나요. 그 시절에 유식에 대한 책이 별로 없었을 때였는데요.
● 그래서 주로 일본 책을 많이 보았습니다. 제 학위 논문의 참고문헌은 거의 일본어로 되어 있어요. 우리 한국에는 선(禪) 제일주의였지만, 일본은 교학이 발달되었기 때문입니다. 유식에 대한 책은 거의 다 읽고 유식을 주제로 손을 댄 것입니다.

청룡사에서 강원이 열리고, 스님이 강사로서 10년을 강의하셨지요.
● 그래요. 제가 청룡사에 있다는 소문이 나고 그러니깐 자연적으로 학인스님들이 와서 강원을 열게 되었지요. 일종의 통학 강원이지요. 서울 시내에 있는 비구니들이 배우지 못하였는데, 강사를 하였던 제가 머물게 되자 제게 와서 배우게 된 것입니다. 강의는 청룡사 우화루에서 했습니다.

동국대를 다니면서도 거주하시던 청룡사에서 후학을 가르치신 구체적인 내용을 들려주시길 바랍니다.
● 그러지요. 제가 청룡사에서 머물고 공부를 하니깐 우선 청룡사에 도움이 되는 일을 해야 되었습니다. 그런 차원에서 신도들에게 『금강경』 법문을 했어요. 그리고 제가 청룡사에 있는 것을 알게 된 후배 비구니들이 자연스럽게 와서 배우게 되었습니다. 서울 시내의 비구니들이 공부를 할 강원이 마땅치가 않았습니다. 자연히 각 절에 있으면서 통학

명성 스님이 법주사를 참배하고 기념 촬영한 장면(1964).

명성 스님이 청룡사에서
가르친 학인들과 함께
(진홍, 성호 스님).

명성 스님 수행록

을 하면서 배웠지요. 서울 시내의 암자에 있었던 비구니들이 제가 강의를 한다는 것을 소문으로 알게 되니깐 모두 배우러 오더라구요. 제가 선암사 강원에서 강을 하다가 왔기 때문에 자연스럽게 학인들이 모여 들은 거죠. 통학 강원이지요.

청룡사에서 강의한 과목은 무엇이었습니까?

● 『치문』에서 시작하여 차례로 계단을 올라가듯이 가르치는 것입니다. 『화엄경』도 가르쳤지요. 제가 동국대에 다니면서 동시에 그 강의를 했어요. 제가 동국대에서 수업을 듣고, 청룡사에서는 가르쳐야 하기에 강의 시간을 잘 짜고, 겹치지 않도록 해서 했습니다.

청룡사는 본래 정업원(淨業院)이라고 해서 궁중하고 관련이 깊고, 조선 시대 이래로 비구니 사찰입니다. 제가 거기 머물면서 강원이 생긴 것이지요. 제가 대학원을 마치고 운문사 강사로 내려갔던 1970년까지 거의 10년간을 가르쳤습니다. 청룡사에서 배우던 스님은 혜은 스님, 진홍 스님, 성호 스님, 계호 스님 등입니다. 그때 청룡사 주지인 윤호 스님의 도움이 아주 컸습니다. 그때 비구니회장을 한 명우 스님도 거기에서 같이 살면서 나에게 배웠지요.

스님의 역사에서 매우 중요한 곳이 청룡사입니다.

● 참, 그리고 생각이 나는 것은 제가 청룡사 근처의 안양암에 가서 법문을 한 것입니다. 제가 청룡사에서 외출을 하는데 안양암의 스님(대처승)이 지나가는 저에게 신도들을 위한 법문을 해 달라고 했어요. 급작스럽게 요청을 받은 것입니다. 그래서 갑자기 법상에 올라 그냥 되는대로, 즉흥적으로 했어요. 대처승 의복(까만 장삼, 빨간 가사)으로 갈아입

청룡사 강사 시절, 조계사에서 개최된 비구니들의 모임에 참가한 명성 스님.
4열 우측 두 번째가 명성 스님이다.

고서 법문을 한 적도 있어요. 그 절이 안양암이니까, 안양(安養)을 주제로 했어요. 안양은 극락이라는 뜻이 아닙니까? 그 주제로 즉흥적으로 했어요. 그런 일이 다 있었어요. 아마 제가 이름이 나서 저에게 법문을 요청한 것으로 봅니다.

청룡사에서의 강의는 스님이 혼자서 다 하셨습니까?

● 내전 과목은 거의 제가 다 했지요. 다만 외전의 특강을 신설해서 동국대의 교수님을 모셔다 했습니다. 김영태 교수님은 한국불교사 강의를, 고익진 교수님은 인도불교사를 하시도록 모셨지요. 그때부터 저는 내전과 외전을 겸학해야 되겠다는 소신을 갖고 그렇게 했습니다.

청룡사 강원 시절, 보람은 무엇이었나요.

● 청룡사에서 배운 학인은 20여 명이 되었어요. 통학을 하면서 배우는 사람도 있고, 거기에 상주하면서 배우는 사람도 있었어요. 두 가지 종류가 있었죠. 저를 보고 열심히 배우려는 후배 비구니들을 가르치는 것 자체가 즐거움이지요.

운문사에서
인재불사에 매진하다

명성 스님 수행록

청룡사에서 후학을 가르치다가, 운문사 강원의 강주로 부임한 사연을 들려주시지요.

● 저는 1970년에 대학원을 마쳤어요. 그런데 그해 가을 무렵에 운문사 강원의 강주로 있었던 묘엄 스님이 그만 나간다고 했어요. 운문사 강원은 정화불사 후 비구니스님들이 들어가서 1958년인가에 비구니 강원이 생겼는데 처음에는 오해련(吳海蓮) 스님이 강사로 계시다가, 그다음에는 임제응(任濟應) 스님이 계셨어요. 저는 오해련, 임제응 스님을 만난 적은 없습니다.

그다음으로 1966년부터 강사로 계신 분이 봉녕사의 묘엄 스님이에요. 그런데 묘엄 스님이 운문사 여기에서 안 살겠다는 거예요. 그만 살고 나가겠다고 했습니다. 그러자 경상도의 비구니 큰스님 여덟 명이 저를 운문사로 데려가려고 청룡사에 왔어요. 저는 처음에 갈 생각이 없어서, 운문사로 내려가서 묘엄 스님에게 그냥 있으라고 아무리 권해도 말을 듣지를 않는 거예요. 묘엄 스님이 나가자, 그 후임이 없이 얼마를 지나다가 제가 중견 비구니스님들의 간청으로 운문사로 왔습니다.

명성 스님이 동국대 대학원에서 석사학위를 받고 촬영한 기념사진(1970. 2.).

명성 스님에게 청룡사에서 배우던 학인스님.

그러셨군요. 그러면 스님은 자발적으로 내려가셨나요.

● 중진 비구니스님들이 제가 있는 청룡사로 저를 데리러 왔어요. 그러나 저는 처음에는 안 간다고 했어요. 그래서 제가 운문사로 내려가서 묘엄 스님한테 그냥 있으라고 많이 권유한 거예요. 그대로 계시라고. 그래도 묘엄 스님은 극구 반대를 하고 나갔어요. 그래서 제가 부득이하게 들어오게 된 겁니다.

청룡사의 주지인 윤호 스님의 입장은 어떠하셨나요.

● 중진 비구니스님 여덟 명이 청룡사에 왔어요. 그 스님들은 여기 운문사의 주지로 계셨던 태구 스님, 대원암의 태호 스님, 서봉사의 경희 스님 등입니다. 제가 석사과정을 마쳤으니깐 됐다, 아주 잘 됐다, 이때가 바야흐로 저를 데리고 갈 때라고 판단이 갔는가 봐요. 그 스님들이 저를 데리고 간다니깐 윤호 스님은 "내 눈에 흙이 들어가기 전에는 못 데려간다"고 했어요. 아주 극구 반대했습니다. 그래도 인연이 돼서 그때 내려와서 지금껏 50년을 살고 있어요.

그럼 어떤 결심으로 내려오시게 되었습니까?

● 그때 청룡사의 윤호 스님이 제가 내려간다고 하니깐 굉장히 섭섭해하시고, 제가 가는 것을 말렸어요. 윤호 스님은 극렬히 반대를 했지만, 중진 비구니스님들이 강하게 원하니깐 그만 단념을 했어요. 그때 서봉사의 경희 스님이 제일 앞장을 서서 윤호 스님을 설득시켰습니다. 그러나 저는 그때 비구니 교육을 제대로 해야 하겠다는 그거를 느꼈습니다. 우리 비구니가 비구스님에게 고개를 숙이고 배우는 것보다 우리 자체적으로 우리 자신들을 교육시켜야 되겠다는 생각이 들었습니다.

청룡사에서 이런 생각을 하였는데, 그거를 실천한 셈이지요.

　제가 운문사로 내려가려는 그때 제 지도교수인 김동화 박사님이 저에게 원시불교를 맡아서 가르치라고 그랬어요. 그래도 저는 내려간다고 하니깐, "시골에서의 공부는 서울에서 낮잠 자는 거와 같다"는 말씀까지 하시면서 가지 말라고 하셨어요. 그래도 저는 "동국대 강의는 일반 사람들이 얼마든지 할 수 있고, 운문사 비구니 교육에 더 중요성을 느낀다"고 말씀을 드리고 내려왔지요. 제가 안 내려가면 비구니 강원이 문을 닫는 상황인데, 그리되는 것을 지켜볼 수만은 없었어요. 그래서 제가 나선 것이지요.

그러면 청룡사에서 배우던 학인들은 어떻게 하셨나요.

● 대중공사를 해서 나와 함께 내려가는 것을 결정하였습니다. 사정상으로 몇 명은 따라오지 못하였지만, 대부분은 저를 따랐어요.

운문사에 처음 오셨을 때의 정황을 회고하여 주세요.

● 청룡사에서 버스 한 대를 대절하여, 청룡사에 있었던 학인 20명과 함께 운문사에 도착했어요. 운문사에 도착해서 제가 버스에서 내렸더니 운문사에 있었던 학인들이 환영한다는 박수를 치고 난리가 났지요. 저는 도착한 후 3일 뒤에 기존 운문사에 있던 학인 대표와 청룡사에서 온 학인 대표를 제 방으로 불렀어요. 그것은 양측 학인들이 화합을 해서 공부를 잘 하도록 당부를 하기 위함이었어요.

운문사의 환경은 어떠하였나요.

● 그 시절은 전기도 안 들어오고, 램프(호롱불)에 불을 밝혀서 공부를

했어요. 학인들이 공부하고, 거주하는 공간도 부족했습니다. 네 개의 반 학인들이 금당의 큰방, 그 하나의 공간에서 모두 생활하였어요. 화엄반은 지대방에서 지내고. 학인들이 점차 늘어나자 운문사에 거주할 공간이 없어서 산내의 세 암자(북대암, 청신암, 사리암)에서 통학을 했습니다. 그래서 그 후에 전체 학인 대중이 다 들어가서 예불을 볼 수 있는 대웅보전을 지은 것입니다. 그 당시에는 비로전이 좁아서 학인들이 다 들어갈 수가 없었습니다.

그리고 목욕탕이 없어서, 목욕을 하려면 가마솥에 물을 데워서 했습니다. 물을 데우기 위해서는 학인들이 산에 가서 자기 몫으로 죽은 장작개비를 모아오면 그것으로 큰 가마솥에 있는 물을 데워 사용했지요. 제가 일차로 하고, 그 후에는 학인들이 했습니다. 정말 어렵게 살았어요. 그 후에 부산의 불자(이인희)가 목욕탕 불사를 해주었습니다.

운문사승가대학의
초창기 시험 공고.
운문사 강원의 입학시험은
경쟁이 치열했다.

그 당시는 수행 환경이 열악해서 공부하면서 일을 많이 하였다고 알고 있습니다. 그 당시의 상황을 회고하여 주세요.

● 그렇지요. 공부만 할 수 없는 환경이었어요. 일을 하면서 공부를 해야 되었죠. 『백장청규』에 "일일부작(一日不作)이면 일일불식(一日不食)"이라는 것이 있습니다. 일을 하지 않으면, 먹지 않는다는 것이 그 당시 운문사를 운영하는 자급자족의 방침이었어요. 겨울에는 시래깃국만을 먹었고, 고추장도 없었습니다. 김치는 짠 김치뿐이었지요. 그래서 운문사에서는 일이 공부였고, 수행이었습니다. 모든 일이 수행임을 알아야 한다고 봅니다. 운문사에서 배운 스님들은 농사를 짓지 않은 스님이 없어요. 모내기를 하고, 채소밭을 가꾸고, 타작을 하고, 볏단을 나르고 했습니다. 콩 타작, 보리 타작도 했어요. 학인들은 누구나 자급자족하는 농사일에 참가했어요. 그런 농사가 수행이었지요. 이런 것이 운문사의 특수성입니다. 저도 함께 농사를 지었어요.

그리고 저는 학인들에게 육화정신(六和精神)에 입각해서 가르치고, 일러주었죠. 육화는 신화동주(身和同住), 구화무쟁(口和無諍), 의화동사(意和同事), 견화동해(見和同解), 이화동균(利和同均), 계화동준(戒和同遵)입니다. 그때부터 지금까지 운문사는 이런 육화정신으로 살고 있어요. 그것은 곧 승가는 화합임을 말해주는 것입니다. 그래서 수행과 교육이 하나가 되는 생활을 하고 있습니다.

운문사에서 교육의 기본 방침을 어떻게 정하셨습니까?

● 제가 여기 운문사 강사로 올 때가 마흔 살이었습니다. 그때 강사로 내려오면서 새롭게 강원 교육을 할 시책을 갖고 왔어요. 강원에서 배우는 것만으로는 일선에 나가서 교법을 유포할 수 있는 체계가 갖추어

명성 스님이 운문사로 내려와서 처음 맞이한 1971년의 부처님오신날,
학인들과 함께 한 장면.

운문사 학인들의 모심기 장면. 운문사는 운력, 자급자족을 통한 수행교육의 전통이 있다.

저 있지 않다는 것을 절실히 느꼈습니다. 그래서 구태의연한 교과목 개편을 과감하게 시도했지요. 저는 겸학을 강조했어요. 내전과 외전을 다 배워야 한다는 것이죠. 그래서 현시대에 적응하는 교육을 시켜야 되겠다는 것이었죠. 수행도 잘해야 하겠지만, 수행의 이면에는 모든 것을 박학(博學)으로 알아야 된다는 것입니다. 현시대 사조에 적응하는 교육을 시도했어요. 그때 저는 한국의 운문사가 아니라 세계적인 운문사, 국위 선양을 하는 운문사를 만들어야 하겠다는 결심을 했어요. 우물 안 개구리는 되지 말자고 했지요.

우리가 입산을 하면 내전을 중심으로 해서 공부하지요. 이런 것은 교학이라고 볼 수 있습니다. 그러나 교학에만 치우치지 말고, 불교사학에 대해서도 배워야 합니다. 불교가 어떻게 인도에서 중국으로 건너왔으며, 그리고 어떻게 한국에 건너온 것인지 알기 위해서는 중국불교사, 한국불교사를 시대적으로 배워야 합니다. 교학과 사학을 겸학해야 하고, 또 거기에만 치우치는 것이 아니라 불교미술, 서양철학, 동양철학 등을 가르쳐야 한다는 것입니다.

그 이후 제가 경북대학교의 사범대학에서 학생들에게 윤리학을 가르친 적이 있습니다. 그때 학생들에게 경(經)만 가르쳐서는 격리감을 준다는 현실을 절감했어요. 그래서 하여튼 내전과 외전을 겸학하게 함으로써 절름발이 교육이 되지 않게 해야겠다고 다짐을 하였지요.

주입식 교육 위주에서 파격적으로 논강을 채택하였다고 알고 있습니다.
● 그것도 제가 과감하게 수용한 것입니다. 물론 암기와 암송하는 것도 의미는 있어요. 저도 그렇게 배웠지요. 그러나 논강(論講) 식으로 하게 되면 자발적이고 적극적인 교육을 할 수 있습니다. 자기 스스로 경전의

내용을 들추어내고, 그것을 자기 생각으로 표현하게 되기에 자발적인 교육이 될 수 있습니다. 부처님도 문답식으로 했어요. 경전이 전부 문답식으로 되어 있어요. 『능엄경』, 『화엄경』, 『원각경』이 다 그래요. 전부 묻고 답하는 그런 식입니다. 요새 말로 하면 첨단적인 민주주의 교육이었어요. 부처님의 교육방법이. 그래서 저는 그 방법을 따른 것입니다.

그리고 또 저는 새벽 3시에 일어나는 것을 과감하게 새벽 4시로 바꾸었습니다. 그리하는 것이 학인들의 공부에 도움이 된다고 판단해서 결단했어요. 잠 안 자고 버티기만 한다고 용맹정진하는 게 아닙니다. 공부도 오래 앉아 있는다고 잘하는 게 아닙니다. 때가 되었을 때, 불꽃이 확 일어날 수 있도록 바짝 당겨주는 게 스승이죠. 모든 물건에는 제 자리가 있듯이 그 자리를 잘 찾아가도록 이끌고, 제 자리에서 제 역할을 하도록 해야 합니다.

특강을 하고, 외부 스님들을 초청하여 법문도 하셨지요.
● 우선 제가 내전을 가르치면서 그 이외에도 가르칠 수 있는 것은 제가

명성 스님이 운문사 특강으로 시행한 꽃꽂이 수업 장면.

했어요. 한문만 갖고는 안 된다고 보았어요. 그래서 붓글씨를 가르치고 일본어와 영어 회화를, 그리고 노래도 가르쳤어요. 가곡을 가르치기도 했습니다. 어떻게 그런 것을 제가 해냈는지 지금 생각하면 참 대단했다고 생각이 듭니다. 또 특강으로 다도, 피아노, 요가, 꽃꽂이, 미술, 일어 등도 했어요. 불교미술, 불교음악, 인도철학, 한문 등의 외부의 전문가를 초청해서 하였습니다. 불교미술을 중점적으로 다루어서 황수영 박사와 장충식 교수, 문명대 교수, 신영훈 선생을 많이 모셨죠. 그리고 영남대의 유홍준 교수도 모셨어요. 그리고 장현갑 교수, 정병조 교수, 이기영 교수, 호진 스님도 모셨지요.

영어는 어떻게 가르쳤나요.
● 영어 회화반을 만들었어요. 그래서 저도 학인들과 함께 배우고, 삼직 스님들도 다 함께 영어를 배웠습니다. 영화 회화 테이프를 틀어 놓고 같이 배웠지요. 동국대 영문과 오국근 교수님을 초청하여 영어 특강을 한 적도 있습니다.

　　그리고 제가 광우 스님과 함께 세계여행을 하려고 준비를 할 때, 갑자기 외국을 가야 하니깐 영어 회화를 관음클럽 회원이었던 한국인 여성에게 배운 적이 있어요. 그 여성은 미국 컬럼비아대학을 나온 여성이었는데, 영어 회화를 간단하게 조금 배웠어요.

특강으로 모신 강사님들 중에서 기억하시는 분들을 소개하여 주시지요.
● 관응 노스님도 몇 번 오셔서 유식을 강의하셨지요. 그리고 법정 스님, 인환 스님, 홍윤식 교수, 대구에서 한문을 잘하는 영남대 이완재 교수님 등이지요. 북쪽에서 한문 잘하는 선생님은 임창순 선생이 유명하

운문사 강원, 사집과 수료 기념(1971년).

운문사 강원, 대교과 수료 기념(1971년).

지만, 이곳 남방에서는 이완재 선생이 이름이 있습니다. 그 선생님이 오셔서 『논어』, 『대학』 등을 가르쳤어요.

그 밖에도 무척 많은데 다 기억에 안 남아 있습니다. 봉선사의 운경 노스님을 모셔서 염불 특강도 하였지요. 지금 대담을 하는 김광식 교수도 운문사와 김사미의 난에 대해서 하지 않았습니까?

세속에서의 기초 교육이 부족한 학인들을 위한 특별 과외도 하셨다는 말을 들었어요.

● 그래요. 일부 학인들은 초등학교도 안 나온 스님들이 있었는데, 그런 학인들은 기초 학문이 부족했어요. 그래서 중고 헌책방에 가서 교과서를 사 오게 하여 국어, 산수, 자연, 영어 등을 가르쳤습니다. 이것은 공부를 많이 하고 절에 들어온 학인스님 중에서 강의를 할 수 있는 적임자를 골라서 가르치게 했습니다.

그때 가르친 스님은 일진, 흥륜 스님이지요. 지금은 비구니스님들의 학력이 비구스님보다 더 높다고 그래요. 지금 비구니는 전부 대학 출신입니다. 일진 스님의 말로는 제가 운문사 학인들을 열성으로 가르쳐서 그 학인의 은사들이 제 교육열에 충동을 받아 당신 상좌들을 공부를 시켜서 석사, 박사를 많이 만들었대요. 그렇게 제 교육열을 칭찬, 과찬을 하더래요. 제가 가르치는 데는 열의가 있어요.

스님이 운문사에서 다양한 것을 가르치셨는데요. 혹시 스님이 겸학 정신에서 수행한 교육에 대한 비판, 뒷소리들은 없었습니까?

● 글쎄요. 저는 제가 하는 교육에 대한 비판, 비난은 못 들었어요. 저는 안 들어 봤어요. 제가 안 듣는 뒤에서 하였는지는 모르지만, 저는 듣지

운문사 학인의 원족(소풍) 장면. 명성 스님은 "인간은 자연의
학생이며 지구는 인류의 교실이다"는 가르침으로 학인 교육에
자연을 적극적으로 활용했다.

운문사 학인들의 발우공양 장면.
발우공양은 불법 체득과 공동체 의식 함양을 위한 생활 의식이다.

못했어요. 왕이나 대통령도 욕이나 비판을 많이 듣지 않습니까? 저는 그런 것에 개의치 않았어요. 여기 운문사에 '붓다의 메아리'라는 단체가 왔어요. 그때 저는 그 사람들에게 법문을 해주고는 피아노 반주에 맞추어서 연꽃 노래를 가르쳐 주었어요. 이렇게 하는 것이 희귀한 일이지요. 저는 하고 싶은 것은 하는 스타일입니다. 자주성이 강해요. 자주성이 강한 것은 사실이에요.

스님이 일인 다역을 하시면서도 큰 무리가 없었나요.

● 처음에는 신이 나서 가르쳤는데, 어느 순간에 제 몸에 이상이 왔습니다. 너무 무리한 것이었지요. 그래서 극심한 다리 통증을 앓았어요. 너무너무 힘들어 가지고 주사를 사흘마다 한 번씩 맞아야 했어요. 그렇게 아파 힘이 드는데도, 오전에 네 반을 가르치고 오후에는 일어를 가르칠 때 너무 힘들어서 누워서 가르친 적도 있습니다.

그래서 북한산 승가사에 가서 3일간 지성으로 기도를 올렸지요. 승가사의 약사여래불이 영험하다는 말이 있어서 간 것입니다. 거기에서 기도하는 도중의 꿈에 약사여래불이 나타나자, 제가 다리를 고쳐주지 않으면 유통교해(流通教海)를 포기하겠다는 엄살을 피웠어요. 그 꿈 속에서 약사여래부처님이 나에게 '대중이 더 많이 모이거든 법문을 하라'는 말씀을 하셨어요. 그런 꿈을 꾸어서 그런지 기도 후에 저절로 통증이 사라졌어요. 이것이 약사여래의 가피가 아닌가 합니다.

스님의 약사여래 기도의 가피는 남지심이 쓴 소설 『명성, 구름 속의 큰 별』에도 나옵니다.

● 김 교수님도 그것을 읽었군요. 남지심 보살은 내 마을상좌(유발상좌)

인데,아주 정성을 기울여서 소설로 내 인생을 잘 묘사했어요. 거기에 보면 제가 운문사 회성당 불사를 하면서, 학인들을 무리하게 가르치다가 병이 나서 승가사의 약사여래불에 가서 기도하여 가피를 입어 완치한 이야기가 나오지요. 그래서 저는 그 이후에 『약사여래본원경』을 펴내서 보급을 했습니다. 그 책에는 경전의 부록으로 남지심 보살이 쓴 내용, 삼성전자 이재용 부회장이 가족 건강을 발원하는 「법공양 발원문」(2020)이 실려 있습니다.

제가 최근에도 몸에 조금 이상이 와서 동국대 일산병원에 입원을 하여 치료를 받았습니다. 이때도 저는 병원에서 기도를 하면서 가피를 받았습니다. 제가 기도를 집중적으로 하니깐 동서남북과 그 간방, 즉 8 방에 부처님이 나타나 계셨습니다. 저는 이것을 저를 위해 부처님이 나타나신 것으로 보았습니다. 저는 그때 약사여래기도, 관음기도, 문수기도, 나반기도를 집중적으로 하였는데 아무래도 아프니깐 약사여래에게 더욱더 의지하였지요. 그래서 위험한 고비를 넘기고 정상적인 생활을 하게 되었습니다. 저는 그 이전에 동국대 일산병원에 제 이름으로 적지 않은 재원을 시주하여 중생들의 고통을 구제하도록 희사하였어요. 그래서 병원에서는 명성세미나실을 만들어 기념을 해주었습니다.

운문사 강원이 비구니스님들 사이에서 인기가 많아서 예비시험을 치렀고, 노스님들이 당신 상좌들을 받아 달라고 부탁을 하였다는 말을 들었어요.
● 한창때는 운문사 강원에 들어오려고 90여 명이 시험을 보았어요. 90 명이 와서 시험을 보면 30명이 떨어집니다. 그리고 다른 곳에 안 가고 다시 오려고 재수, 삼수를 하는 경우도 있어요. 운문사는 농사도 많이 짓고, 고생스러운 데에도 그렇게 오는 거예요. 간혹 은사들이 부탁을

명성 스님의 운문사 주지 취임식.

좌_광우 스님이 운문승가학원장으로 『운문』 창간호(1982. 7. 22.)에 기고한 글.
우_ 『운문』에 공개된 시험 공고(1982년).

하였지만 저는 안 들어 주었어요. 자기가 합격을 해야지 어떻게 합니까? 동국대 총장을 지낸 송석구 총장은 운문사 출신들은 씩씩하고 뭐든지 잘한다고 그리 칭찬을 하였어요.

운문사 강원의 원장으로 인홍 스님과 광우 스님을 모신 것에 대한 이야기를 해주세요.

● 운문사 강원으로 있다가, 1987년부터 운문사승가대학으로 명칭이 바뀌었습니다. 그래서 제가 주지 겸 학장으로 겸임을 하였지요. 제가 온 1970년대에는 인홍 스님을 원장으로, 그리고 1980년대에는 광우 스님을 원장으로 모셨습니다. 제가 총무원장도 아닌데 주관적으로 판단을 해서 두 스님을 원장으로 모셨어요. 동학사는 1970년대에는 총무원장을 당연직 원장으로 모셨습니다. 하여튼 제가 독재를 조금 했어요.

1975년에 세계일주 여행을 하셨는데, 왜 하셨으며 그 개요를 소개하여 주시지요.

● 그 여행을 한 것은 광우 스님과 같이 원시불교 연구라는 작은 목적을 내세우고 그 현장을 가보자고 해서 시작된 것입니다. 그 무렵 광우 스님이 우담바라회라는 비구니 모임 때문에 지치고 그래서 휴식을 할 겸 해서 같이 가게 되었어요.

　　우선 동남아를 돌고, 그 후에 유럽에 가서 다섯 나라를 돌았어요. 그다음에 미국으로 건너갔죠. 그래서 5개월 24일을 다니다가 돌아왔습니다.

세계일주 여행을 하고, 운문사를 왜 떠나시려고 하셨습니까?

명성 스님이 인도네시아에 있는 불교 유적인 보로부두르 사원(세계7대 불가사의)을 참배하고 기념 촬영한 모습.

명성 스님이 세계일주를 할 때의 모습. 견문을 넓혀 학인 교육에 매진하기 위해 단행하였는데, 6개월간 세계를 일주하였다.

명성 스님 수행록

● 그때는 그렇게 하려고 마음을 먹었습니다. 귀국하기 이전에 운문사 종무소로 편지를 보내 강사를 그만둔다는 결정을 미리 알려 주었어요. 이제는 다시 오지 않을 생각으로 편지를 했어요. 이제는 선방을 가든지, 기도를 하든지 해야 하겠다는 생각을 가지고 편지를 한거죠. 그때 저를 대신하는 강사로 자민 스님이 와 있었습니다.

그런데 운문사로 다시 오신 연유는 무엇입니까?

● 제가 귀국해서 청룡사에 도착했다는 것을 알게 된 운문사 학인 30여 명이 서울의 청룡사에 버스를 대절하여 올라와서 저를 운문사로 데리고 가려고 했습니다. 반나절을 나와 학인들 간에 실랑이가 벌어졌어요. 그러나 저는 마음을 번복하지 않으려고 했어요. 학인들은 저를 설득시키지 못하고 운문사로 내려갔습니다.

　　그랬는데 그 후에 운문사의 재무스님이 정유 스님이라고 광우 스님의 상좌였는데 제 짐이 부산세관에 도착했으니 그 짐을 찾으러 저와 같이 가야 한다고 했어요. 그래서 재무스님이 제공하는 차를 타고 가는데, 부산으로 가질 않고 이곳 운문사로 가는 것입니다. 저에게 거짓으로 그렇게 말을 해서, 운문사로 데려간 것입니다. 도중에 제가 차에서 내리려고 해도 안 돼요. 그래서 납치를 당해서 다시 운문사에 와서 지금껏 살고 있습니다.

스님의 좌우명은 '즉사이진(卽事而眞)'으로 알고 있습니다. 그것에 대해 자세하게 말씀해 주세요.

● 저는 이곳 운문사에서 50년째 살고 있는데, 그 생활의 중심적인 생각인 원융무애하게 포용적인 삶을 살려고 했어요. 이를 생활 철학이라

명성 스님의 신조이고, 학인들을
가르칠 때의 좌우명인 즉사이진을
쓴 친필.

고 볼 수 있어요. 여러 곳에서 온 학인들이 하모니가 되어야 합니다. 각
처에서 와서, 모여 살기에 서로 하심하고 화합을 해야만 됩니다. 그러
려면 각자가 하나같은 마음이 되어야 합니다.

그래서 저는 각자가 즉사이진의 정신으로 크고 작은 모든 일을 항
상 진실하게 대하라고 강조하는 것이 나의 신조입니다. 각자가 바닥까
지 사무치는 철저함을 가지고 정성을 다해 노력하라는 뜻입니다. 자기
자신에게 진실하고, 상대에게 진실하게 모든 일을 성실하게 하라는 것
이지요. 작은 일을 소홀히 하는 사람은 큰일을 이루지 못합니다. 일통
일체통(一通 一切通)이라는 말이 있어요. 일 잘하는 사람이 공부도 잘하
고, 공부 잘하는 사람이 일도 잘해요. 이런 뜻이 담긴 즉사이진은 『법
화경』에 나오는 글귀입니다.

명성 스님 수행록

그런데 언제부터 스님께서 즉사이진을 가르침으로 활용하셨습니까?

● 그것은 아마 1980년대 초반이 아닌가 합니다. 제 시자스님이 찾아보니, 『운문회보』 14호(1985.11)에 일진 스님과 홍륜 스님에게 제가 전강하였던 내용을 전하는 기사와 그 무렵의 학인 졸업식의 훈사(訓辭)에 나의 가르침이 '즉사이진'으로 나온대요. 이를 보면 1980년대 초반에 쓰기 시작한 것으로 보여집니다.

즉사이진은 『법화경』에 나와요. 저는 『법화경』을 여러 번 학인들에게 가르쳤어요. 그렇게 가르치면서 착안한 것으로 기억돼요. 제가 번역하고 운문승가대학출판부에서 2001년에 펴낸 『법화삼부경』에 그 내용이 두 건(53항, 676항) 나오는데, 그것은 계환해(戒環解)의 내용에 나옵니다. 그러니 저는 부처님 말씀을 저의 신조로 삼은 것이지요. 저는 운문사 대학원에서도 『법화경』, 『열반경』, 『유마경』을 여러 번 가르쳤어요. 그러나 저는 『법화경』에서 착안을 하기 이전에 저의 가르침을 정리해서 학인들에게 가르쳤어요. 그것은 신심과 성실, 근면, 책임감 있고 실천하는 수행인의 정신입니다. 즉 이런 제 생각이 먼저입니다. 그러다가 『법화경』을 보고 '옳지, 이것이다'라고 착안을 한 것이라고 말할 수 있어요.

2003년에 미국의 하버드대학에 가보니 정해진 교문은 없는데, 여기저기 나 있는 진입로마다 베리타스(Veritas)라는 단어가 새겨져 있었어요. 알고 보니 그 대학의 교훈이 라틴어로 '베리타스(Veritas)'인데, 그것은 진리라는 의미입니다. 그리고 『반야심경』에도 진실불허(眞實不虛)라고 나오지 않습니까? 진실하게, 참되게 일을 하는 것이 저의 좌우명이고, 생활신조입니다. 이것은 여기서 배운 스님들은 그리 알고 있습니다. 지금은 즉사이진이라는 말이 널리널리 퍼졌어요.

명성 스님이 운문사에서 전강식을 하였음을 보도한 기사와 전강을 받은
홍륜 스님과 일진 스님.

운문사의 원훈은 누가 만들었나요.

● 운문사의 원훈은 제가 만들었어요. 여기에 1970년에 왔으니 원훈은 와서 조금 있다가 만들었어요. 입지발원(立志發願), 정진불퇴(精進不退), 유통교해(流通教海)입니다. 입지발원은 뜻을 세우라는 것이고, 정진불퇴는 끊임없이 정진을 하라는 것입니다. 정진을 해야 불교를 유통시킬 수 있어요. 그리고 유통교해는 부처님의 가르침을 널리 알리고 실천을 하라는 것입니다.

　　처음에는 화운사의 대은 스님을 찾아가서 의논을 했어요. 스님에게 "우리 운문사 강원의 원훈을 생각해보세요" 하였지요. 그랬더니 그 노장님이 저와 묘엄 스님을 보배라고 하면서 "원훈은 스님 자신이 만들어야 한다"고 그러셨어요. 그래서 제가 만들었어요. 제가 건당을 한 수옥 스님이 대은 스님에게 배웠어요. 그리고 여기 율주인 일진 스님이 화운사에 있다가 여기 운문사로 왔는데, 올 때 대은 스님이 '일진 스님이 고등교육을 잘 받았으니 잘 가르쳐 달라'는 편지를 보내 왔어요.

스님께서 강사회의 회장을 하셨지요.

● 맞아요. 제가 1983년 3월, 봉녕사에서 열린 전국 비구니 강사회의에서 초대 회장으로 추대되었어요. 제 뒤로 태경 스님과 묘엄 스님이 회장이 되었을 거예요. 제가 회장을 할 때 일진 스님과 일운 스님이 서기를 보았습니다. 그 무렵에 강원은 5년제였고, 이름은 승가학원으로 바꾸었지요.

운문사 강원 초창기에는 합동 졸업식을 하였습니다. 그 연유는 무엇인가요.

● 초창기에는 모든 것이 정비되지 않았습니다. 그래서 졸업식도 매년

하지 못하고, 몇 년마다 몰아서 하고 그랬지요. 그 시절에는 사집과, 사교과를 개별적으로 수료식을 했어요. 그래서 사교과를 마치면 다른 강원으로 이동도 할 수 있었습니다. 강원 교육이 비정상적이어서 그랬지만, 그러나 궤도에 올라가서는 해마다 정상적으로 했어요. 강원 교육이 5년, 4년으로 정착되고 화엄반을 이수하면 졸업을 하는 것으로 간주하고 졸업식을 했습니다. 졸업식은 아무리 추워도 만세루에서 하다가, 요즈음에는 대웅보전에서 하고 있지요.

학인들을 가르치실 때의 신조는 무엇입니까?
● "평범한 스승은 말을 하고, 훌륭한 스승은 설명을 하고, 뛰어난 스승은 모범을 보이고, 위대한 스승은 감화를 준다"는 말이 있습니다. 저는 학인들에게 감화를 준 위대한 스승은 아니었던 것 같아 부끄럽기도 합니다. 『불치신경(佛治身經)』에서 "욕교여(欲敎餘) 선자교(先自敎)"라 했으니, 남을 가르치고자 한다면 나 스스로를 먼저 가르쳐야 하지요. 그래서 저는 평생 용서로써 수행을 하고, 칭찬으로써 교육의 비결을 삼았습니다. 지난

운문사승가대학 졸업식(1985. 10. 11).

50년간 저는 학인들과 함께 동고동락(同苦同樂)을 하였을 뿐입니다.

이와 같이 남을 가르치려면 자기 자신이 먼저 배우는 것이 첫째이고, 둘째는 스스로 노력해야 합니다. 의지가 없는 사람에게 무작정 퍼줘 봤자, 복을 받냐 하면 도리어 나빠져 거지가 되듯이 자력(自力)을 키울 수 있는 방편을 일러주는 게 이치에 합당하다고 봅니다. 즉 물고기를 주는 것보다는 물고기를 잡을 수 있는 방법을 일러줘야 한다는 것입니다. 공부는 스스로 복 짓는 것입니다. 억지로 다그친다고 되는 것이 아닙니다. 적절한 역할 모델이 있으면 좋겠지요. 요즘 식으로 말하면 멘토링 교육이겠지요. '나도 저렇게 할 수 있으면 좋겠다, 성현이 되었으면' 하는 동기 부여를 품을 수 있게 해주는 것입니다.

다수의 학인을 가르칠 때는 간혹 문제를 일으키거나 방침을 어긴 경우가 생기지 않습니까. 학인 대중을 이끌 때의 원칙은 무엇인가요.

● 학인들을 돌보고 지도하는 것은 늘 조심스럽고, 어려운 일입니다. 어떤 잘못을 했어도 들여다보면 다 이유가 있어요. 문제를 일으켰다 해도, 문제를 일으킨 사람들의 이야기를 듣고 다독거려서 살아야 합니다. 아무리 잘못한 사람이라도 용서하는 것을 제 수행으로 삼았어요. 어떤 문제가 생기면 저는 일단 참아요. 참는 것 즉 인욕의 바탕에는 원융무애한 화엄사상이 있습니다. 모든 강물은 바다로 가지요. 그 바닷물은 여러 가지 강물이 합쳐졌지만, 피차가 없고 친소가 없고, 짠맛은 동일합니다. 일미(一味)이지요. 그리고 어떤 때는 학인들에게 가슴을 탁 펴고, 당당하게 걷고, 규칙을 지키되, 바늘방석에 앉은 것처럼 하지 말고 푹신푹신한 솜 방석에 앉은 것처럼 그런 마음가짐으로 규칙을 지키라고 했습니다.

대중공사를 해서 한 사람을 대중들이 쫓아내야 한다고 해도 제가

명성 스님이 운문사 강원에서 학인들을 지도하는 장면.

나서서 그 사람을 붙잡았어요. 여기는 대장간과 같은 곳입니다. 저는 이 세상에 나쁜 사람은 없다고 봅니다. 문제를 일으킨 사람의 바탕에는 불성(佛性)이라는 근본 자리가 있어요. 그 불성을 믿어야 합니다. 그 사람을 잘못했다고 여기에서 내보낸다면, 그 사람의 인생은 어떻게 되겠어요. 여기에서 사람을 만들어야지, 어디에 가서 사람이 되겠느냐는 심정이었지요. 하여간 저는 감싸고, 다독거리고, 용서를 해서, 선도를 하여, 좋은 스님을 만들어내면서 50년을 지내왔어요. 저는 용서가 수행이고, 칭찬이 교육의 비결이라는 그것을 실천한 것이라 볼 수 있습니다.

스님의 교육 철학 정신이 굳건하십니다.

● 지난날을 돌이켜 보면 힘든 일은 하나도 없었습니다. 학인들과 대중

이 함께 살다 보면 여러 가지 힘든 일이 있지만, 저는 그것을 힘든 일이라고 생각해 본 적은 없어요. 힘들어도 오래 가지 않았고, 말썽을 피우는 학인이 있을 때는 저도 힘들었지만, 누구나 근본을 보면 나쁜 사람은 없습니다. 모든 대중을 끝까지 내치지 않고, 가르치는 것이 스승이 할 일이라고 생각합니다.

그래서 이곳은 대장간입니다. 좋은 쇠든 나쁜 쇠든 거듭 담금질하고 두드려서 좋은 연장을 만드는 곳입니다. 그렇게 가르친 비구니스님들이 수행도 잘하고 복지, 불사, 문화 등 모든 방면에서 잘하고 있으니 보람을 느끼지요.

스님께서 학인들을 가르칠 때 말씀하신 '진합태산(塵合泰山)'이라는 말의 뜻은 무엇인가요.

● 그것은 티끌이 모여 태산이 되듯이, 높은 산도 한 삼태기의 흙이 모여 되었듯이 작은 일에도 정성이 모여야 된다는 것입니다. 그런 작은 일에서부터 정성을 다해야 한다는 뜻입니다. 작은 일부터 화합해야 한다는 뜻도 있습니다. 그런 것은 우리 불교의 법성게에서 일미진중 함시방(一微塵中 含十方)에서 말하는 것과 같은 내용입니다. 티끌이 모여 태산이 된다. 얼마나 좋은 말이에요.

스님에게 지나친 원칙주의자라는 말이 있어요. 이런 지적에 대해 어떻게 생각하십니까?

● 저는 스승으로서의 역할을 할 뿐입니다. 모든 물건에는 제자리가 있듯이 그 자리를 잘 찾아가도록 이끌고 제 자리에서 제 역할을 하도록 해야 합니다. 숫자에도 1단위, 10단위, 100단위, 1,000단위가 있듯이 우리가

명성 스님이 운문사에서 학인 교육에 집중하는 장면.

선 자리에서 자기가 해야 할 임무를 다해야 합니다. 스승은 스승답게, 제
자면 제자답게, 어머니는 어머니답게 자기 책임을 다하는 것이지요.

'법 법(法)' 자는 '물 수(水)' 변에 '갈 거(去)' 자입니다. 물이 흘러갈
때 산을 기어코 거스르지도 않고 바위를 기필코 뚫지도 않지요. 흙을
만나면 스며들고, 돌을 만나면 돌아가고, 산을 만나면 아래로 내려가
며 오직 바다로 가는 길을 멈추지 않습니다. 이처럼 물이 흐르듯이 자
연스럽게, 멈춤 없이 가는 것이 바로 법이며, 법답게 사는 것입니다. 규
율과 원칙을 지키는 것을 어렵게만 생각한다면 바늘방석에 앉은 것 같
지만 물 흐르듯 따라간다면 솜 방석에 앉은 것처럼 평안할 것입니다.
저는 이런 마음으로 살아왔고, 여기 학인들에게 그렇게 가르쳤으며,
그런 지도를 했을 뿐입니다.

계율은 기차 레일과 같아서 그것을 지키지 않으면 탈선 사고로 이
어지지만, 레일을 잘 따라가면 힘들이지 않고 자연스럽게 목적지에 다
다를 수 있어요. 규칙과 계율을 바늘방석처럼 여기지 말고, 솜 방석처

럼 여기면서 물이 흘러가듯이 따르는 것이 법답게 사는 것이라고 볼 수 있어요.

운문사에서 학인 교육을 50년간 하셨는데요. 지금 시점에서 약간은 아쉬운 측면이 있다면 무엇인가요?

● 글쎄요? 제가 50년 전부터 주장한 겸학, 논강식 교육 등의 방법론을 보면 80% 정도는 진행되었다고 봅니다. 미진한 것은 외국어 교육, 특히 영어교육에 더 치중했어야 한다는 아쉬움이 있습니다. 제가 해외의 국제 대회에 여러 번 참가를 하면서 영어의 필요성을 절감했기 때문입니다.

　　그리고 사회가 질서가 잡히지 않는 것은 종교계가 문란하기 때문입니다. 종교계의 참다운 성직자가 나오지 않아서 사회인들을 계도할 수 없는 것이 그 하나의 원인입니다. 참다운 성직자를 길러낼 교육기관의 문제로 볼 수 있어요. 10년을 기약하기 위해서는 나무를 심고, 100년을 내다보려면 인재를 기른다는 속담이 있어요. 그 말이 지금 제일 절실하게 느껴지는 것 같아요. 우리 인구의 절반이 여성이 아닙니까? 그런 여성을 우리 비구니스님들이 담당해서 교화를 해야 합니다. 우리 비구니들은 일체중생의 어머니인 관세음보살의 자비 사상을 발휘해 가지고 부처님의 가르침을 현실 생활에 전달할 수 있는 의무와 사명감을 가져야 된다고 생각합니다.

여성과 비구니의 위상이 바뀌었고 그래서 새로운 각오가 요청된다고 볼 수 있어요.

● 맞습니다. 옛날에는 남존여비 사상이 뿌리 박혀서 덮어 놓고 여성과 비구니들을 비하하였지만, 지금은 세상이 완전히 바뀌었어요. 이제는

우리 비구니들이 슬기롭고, 자애로운 교육과 포교를 통해 부처님의 가르침을 널리 유포할 수 있는 일익으로서의 주역이 되어야 하겠습니다.

그래서 예전 1960~70년대 조계종단에서 정화운동 3대 지표로 포교, 역경, 도제 양성을 표방하였을 때 저는 도제 양성, 즉 교육이 제일 중요하다고 강조를 했었지요. 이런 측면에서 저도 많은 성찰을 하게 됩니다.

스님에게는 인욕보살이라는 별명도 있어요.
● 우리가 대중이라는 이름으로 한 울타리, 같은 공동체에 살면서, 소임이 다 다릅니다. 그리고 구성원들의 생각, 자란 환경, 가치관도 다 달라요. 성품, 몸의 상태, 반응도 다 다릅니다. 다만 저는 대중을 이끌면서 대중들의 생각, 판단이 드러내는 표현을 분별심 없이 그대로 보아주고 기다릴 뿐입니다. 대중 각자가 가지고 있는 불성을 믿기 때문이지요.

그러나 인욕은 참 어렵지 않습니까? 학인스님, 대중을 이끌기 위한 스님 개인의 수행은 별도로 없었나요.
● 저는 매일 같이 문수기도를 하고, 관음기도를 합니다. 문수기도는 지혜를 상징하지 않습니까? 대중들과 어울려 살고, 학인들을 지도할 때 어려운 일이 생기게 되면 문수보살의 지혜가 필요해요. 지혜가 생겨야 과단성 있게 결단을 하게 됩니다.

스님은 후학을 양성하시고, 인재를 기르는 차원에서 후학에게 전강을 하셨습니다.
● 그래요. 저는 선암사에서 성능 스님에게 좌복을 물려받은 형식으로 전강을 받았습니다. 그러나 저는 의식을 갖추어서 전강을 했습니다.

제일 먼저 1985년에 흥륜 스님과 일진 스님에게 했어요. 그때는 비구니스님의 최고 어른인 혜춘 스님, 인홍 스님, 윤호 스님도 오시고, 여러 중진 비구니스님들이 참석을 했어요. 운문사의 대표적인 건물인 금당에서 했습니다. 여법하게 해주었지요. 비구니가 비구니에게 전강을 하는 게 참 뜻깊은 행사입니다. 두 번째는 만세루에서 했을 것입니다. 그 후로도 계속하여 일곱 번에 걸쳐 스물세 명에게 전강을 해주었습니다.

스님은 2023년 1월 6일에도 제자들에게 전강을 하였습니다. 전강의 의의를 말씀해 주세요.

● 군자(君子)에게는 삼락(三樂)이 있습니다. 첫째는 부모님이 살아 계시고 형제자매가 무고한 것이고, 둘째는 하늘을 우러러 부끄러움이 없는 것이며, 셋째는 천하의 영재를 교육하는 것입니다. 제가 전강을 하는 것은 인재를 발굴하여 불교 발전에 헌신하는 동량을 길러내려는 취지입니다. 이번에 전강을 받은 스님은 현견(중국 북경대학 박사학위 취득), 정운(전 불학연구소장), 송운(운문사승가대학 부교수), 현서(동국대 강사), 성법(동화사 성보박물관 학예연구원), 동우(운문사승가대학 조교수), 동호(운문사 한문불전대학원 연구과정) 스님 등 일곱 명인데, 훌륭한 스님들이어서 저도 무척 기쁩니다.

그런데 스님은 전강을 하시기 2년 전인 1983년에 수옥 스님에게 건당을 하셨습니다. 그렇게 하신 연유가 무엇입니까?

● 그것은 제가 평소에 비구니 3대 강사로 불리었던 수옥 스님을 존경했어요. 그런데 그 스님이 1965년에 일찍 입적하셨어요. 제가 선암사에서 성능 스님에게 전강은 받았지만, 비구니스님에게 건당을 함으로

전강을 받은 제자 일진, 계호 스님과 함께 한 명성 스님.

명성 스님 전강 제자들과 기념 촬영(2023. 1. 6.).

명성 스님 수행록

써 비구니의 자주적인 학맥 및 학문의 주체성을 강조하고 싶었지요. 그래서 수옥 스님은 입적하셨지만, 그 상좌인 자광 스님에게 상의를 해서 했어요. 내원사에서 통도사 큰스님인 월하 스님을 증명으로 했습니다.

스님의 법호는 법계(法界)입니다. 그 호는 자호인지, 어느 큰스님에게 받은 것인지요.

● 그것은 제가 스스로 지은 자호(自號)입니다. 제가 스스로 쓴 것인데, 『화엄경』에서 나온 온 우주 법계를 제가 품었다는 뜻에서 지었어요. 그것은 수옥 스님에게 건당한 직후에 지어서, 사용했습니다. 저는 백용성 스님이 번역한 책인 『한글 화엄경』을 갖고 『화엄경』 공부를 집중적으로 했어요. 그리고 여기 운문사에 있을 적에는 4년 8개월 15일 동안, 새벽에 두 시간씩 『화엄경』의 원문인 한문을 붓으로 사경을 했습니다. 그것이 2013년에 시작하였을 거예요. 그때 사경한 것을 27권으로 묶어서, 제가 잘 간직하고 있습니다.

스님은 인재양성을 위한 장학회를 운영하고 있습니다. 법계장학회와 법륜비구니장학회에 대한 이야기를 들려주세요.

● 10년을 기약하려면 나무를 심고, 100년을 기약하려면 사람을 키우라는 말이 있어요. 이것은 인재불사의 중요성을 말해주는 것입니다. 저는 장학회를 만들기 전에도 찾아오는 졸업생과 유망한 사람이 있으면 조금씩 베풀기는 했어요.

그러다가 2000년 제 칠순 기념으로 여기 운문사에서 서예 전시회를 했어요. 동문회 모임 행사 때 했을 거예요. 그래서 저의 붓글씨 전시회를 했는데, 전시회에서 저의 작품이 판매되어서 그것이 7천5백만 원

명성 스님이 불교 인재양성 차원에서 설립한 법계장학회의 장학금 전달식.

이 되었습니다. 그러고 나서 축하금이 또 들어왔어요. 그래서 그것을 합한 돈 1억 원을 기본으로 해서 법계장학회를 만들었어요. 처음에는 150만 원을 주다가 지금은 3백만 원씩을 줍니다. 제 법호를 따서 법계장학회라고 한 것입니다. 2003년에 시작을 했어요. 법계장학회는 학부에 다니는 스님과 재가자들에게 주고 있습니다.

　　종단의 3대 지표 중에 하나가 도제 양성이었어요. 이는 인재 양성을 말하는 것인데, 특히 비구니들은 승단의 두 축이지만 비구스님에 비해서 종단에서 대우, 혜택을 받지 못했어요. 승단에서 비구니스님이 이만큼 입지를 다진 것은 순전히 공부의 힘입니다. 그러니 저는 비구니스님들이 공부를 할 수 있게끔 배려를 한 것입니다. 인재불사가 제일 막중하다고 생각합니다.

법륜비구니장학회에 대해 들려주세요.

● 법륜비구니장학회는 대학원 과정에 다니는 비구니스님들에게 주는 장학회입니다. 법륜비구니장학회는 2006년에 서예 전시회를 하면서 시작되었어요. 제가 2003년에 전국비구니회장을 하였는데, 그때 법련 사에서 내 작품으로 서예 전시회를 하게 되었죠. 그때 판매 수익금이 3억3천만 원, 또 비구니회에서 1억7천만 원을 받아서 도합 5억 원이 되었습니다. 그 이후에 저의 제자, 후배스님, 신도들에게 전화를 해서 장학회를 하려고 하니 후원을 좀 해라고 해서 모금을 했어요. 그래서 모은 돈의 합계금 7억 원을 기본 금액으로 2009년에 설립되었지만, 2010년부터 장학금을 주기 시작했어요. 여기 장학회에서는 5백만 원씩을 주고 있습니다.

장학회 모금, 권유가 쉬운 일이 아니지요.
● 물론 그래요. 그러나 저는 무주상보시가 아니고, 유주상보시를 하는 거예요. 그렇게 함으로써 다른 사람의 동참을 유도하는 것입니다. 이렇게 권(勸)함으로써 선(善)을 권하는 거잖아요. 그러니깐 다른 사람들도 좋은 일을 하라고 발표를 하는 거지요.

인재불사는 제일 중요하지만, 어렵지요. 스님의 생각은 어떠십니까?
● 저는 공부하겠다는 사람은 인연을 가리지 않고 불교와 사회에 기여할 수 있는 인재가 된다면 다 지원해 주고 싶어요. 그렇게 하려고 노력해 온 것은 사실이지요. 저는 장학회를 만들어서 그런 공적인 제도를 통해 장학금을 주었지만, 인연 따라 다양한 사람들에게 장학금과 연구비도 적지 않게 보시를 해 왔어요. 정년 기념 축하금이라는 것도 제가 만든 거예요.
　　수행자라면 자신도 수행하고, 일반인들을 가르칠 수가 있어야 합

명성 스님의
교육에 기여한
내용을 보도한
『불교신문』의 기사.

니다. 그러기 위해서는 스님들이 산속의 사찰뿐 아니라 세속 사회의
움직임을 알아야 합니다. 그리고 신도들의 교육 수준과 눈높이를 따라
가야 합니다. 따라가는 것이 아니라, 그 이상의 수준을 갖춰야 지도적
인 위치에서 그들을 지도할 수 있어요. 그러려면 배워야 합니다. 그래
서 배우려는 비구니스님들을 많이 지원해 줘야 한다고 봅니다.

스님은 사람 차별은 안 하지만, 학벌 차별은 한다는 말씀을 하신 것으
로 알고 있습니다.

● 제가 그런 말을 한 것은 사실입니다. 스님네가 많이 배운 것을 싫어
할 수가 없어요. 많이 배울수록 종단 발전에 기여할 수 있고, 원동력이
되기 때문이에요. 그래서 많이 배울수록 좋기 때문에 많이 배우는 것
을 장려합니다. 내 말에 기분이 상해서, 자존심에 자극을 받아서 더 많
이 공부한 스님들도 있을 것입니다.

그러면 스님다운 것은 무엇이라 볼 수 있나요.

● 부처님 말씀이 아니면 말하지 아니하고, 부처님의 행이 아니면 행하지 않는 것, 그것이 스님다운 것이라고 할 수 있지요. 괜히 엉뚱한 짓을 하면 부처님 제자로서의 자격이 상실되거든요. 우리는 부처님을 닮아가는 과정에 있는 것이라고 볼 수 있습니다. 부처님의 행이 아니면 행하지 않는 것, 그것이 부처님의 뜻이고 불자 자격이라고 말할 수 있습니다.

운문사는 중국 칭화대학교와 교류 협정을 맺어, 운문사 출신은 대학원에 바로 입학할 수 있는 제도를 만들었어요.

● 그래요. 우리 운문사의 수준과 실력을 인정해준 결과입니다. 2008년부터 칭화대학과 그런 체결을 하였는데, 한국의 승가대학은 국가로부터 학력 인정을 받지 못하고 있습니다. 칭화대학과 같은 명문 대학과의 학술 교류는 국내 비구니 학인들뿐만이 아니라 국내 승가대학의 위상에도 좋은 영향을 주고 있어요. 일본의 하나조노대학과도 학술 교류 협정을 맺어서, 학인들의 유학 편의를 제공하고 있지요.

운문사에 승가대학원을 세웠어요. 그 연유를 말씀해 주시지요.

● 비구니 강원에 대학원이 없었어요. 그런데 종단개혁을 하고 은해사에 비구스님의 승가대학원이 세워져 강사 양성을 시작했습니다. 그래서 저도 운문사에 1997년에 강사를 기르기 위해 대학원을 세운 것이지요. 처음에는 총무원과 상의 없이 저 혼자 시작했는데, 그 후에 교육원과 협의를 했죠. 그러나 한문불전대학원의 명칭을 쓸 때는 종단으로부터 정식 인가를 받았어요. 이제 대학원에서도 약간의 졸업생이 배출되었지요. 그리고 보현율원에서도 수료생이 배출되고 있습니다.

2003년에는 운문사에 문수선원을 세우셨어요.

● 그렇지요. 선(禪)과 교(敎)는 둘이 아닙니다. 저는 늘 선교일치를 주장해 왔어요. 비록 운문사가 강원, 승가대학이 중심이었지만 선원을 하나 열었으면 하는 염원을 갖고 있었지요. 그래서 개원을 한 것입니다. 그리고 2008년에는 보현율원도 세웠어요. 이로써 운문사는 총림의 사격을 가진 사찰이 되었습니다. 개원식 때 저는 '말이 행(行)보다 지나치는 것을 부끄러이 여겨라'는 치기언과기행(恥其言過其行)을 언급하여 율원스님들의 정진을 당부한 것이 기억이 납니다.

운문사는 세계적인 사찰, 교육 도량이 되었습니다.

● 운문사 강원은 초대 강사인 임제응 스님이 7명을 배출하였어요. 그리고 묘엄 스님이 5명을 배출하였구요. 그 이후로는 제가 강사, 강주, 학장을 하면서 2천여 명을 배출하였습니다. 여기 졸업생이 인재와 수재들이 많아요. 유학도 많이 갔고, 박사도 수십 명이 배출되었습니다. 불교계의 각계각층에 여기 출신의 인재가 많이 있습니다.

운문사 주지로
불사를 주도하다

명성 스님 수행록

스님은 강주, 학장으로 인재를 양성하면서도 운문사 주지, 회주로서 운문사 불사를 하신 것이 대단합니다.

● 제가 건물을 지은 것이 운문사 큰절과 사리암과 문수선원을 합해서 신축이 40동, 보수가 10동이나 됩니다. 각각의 건물을 짓고, 보수를 할 때의 고생과 비사는 말도 못 하지요. 여러 가지의 사연, 눈물 어린 사연이 많은데, 그것을 어떻게 다 말할 수 있나요. 그 기간 동안 인명 피해나 사고 없이 대작불사를 이뤄낸 것은 모두 부처님의 가피력이라고 볼 수 있어요.

스님이 수행한 건물 불사의 원칙이 있으면 소개하여 주시지요.

● 제가 건물 불사를 한 것은 신축이 40동, 보수가 10동입니다. 그런 과정에서 제가 신경을 쓴 것은 보기 좋고, 견고하고, 쓸모있는 것을 짓는 것이 저의 건물 불사 3대 요강입니다. 그리고 제가 한 그 불사에는 나랏돈이 별로 안 들어갔다는 것도 중요합니다.

운문사 불사는 화주, 모금을 해서 하는 것뿐만이 아니라 그 과정에 학인들이 직접 참가하였다는 것에 의미가 있습니다.

● 맞아요. 여기 운문사 강원 학인들은 자기들이 쓸 공간을 짓는 공사에는 울력으로 전부 참여했습니다. 오백전의 공사를 할 때는 학인들이 기와를 다 올렸어요. 그리고 그때 기와의 흙에 짚을 다져서 올리는데, 저도 흙을 다질 때 내 발로 밟아서 만들어 올렸습니다. 제가 하니깐 학인들이 다 같이 하게 되는 것입니다. 그래서 운문사는 농사도 짓고, 울력도 하는 농과대학이라는 말도 들었어요. 일과 공부를 하나로 보기 때문에 고생스러워도 누구나 다 했습니다. 이런 정신으로 불사를 한 것입니다.

어려움이 많으셨군요.

● 저는 그때 방학이 되면 삼직스님들과 함께 봉고차를 타고 전국을 일주했어요. 불사금을 모으기 위해서 방방곡곡을 다녔습니다. 큰 절, 작은 절, 관공서, 학인이 사는 절 등 연고가 있는 곳이면 가서 권선을 했습니다. 운문사에는 공부하는 학인이 많이 있는데, 머물 공간이 부족해서 불사를 한다고 하면 대부분의 스님들이 이해를 해주셨어요. 지난 40년간 모연금 출납을 기록한 장부를 아직도 요사채 다락에 박스로 보관하고 있어요. 제가 건물의 상량식을 50번이나 치렀으니, 건물 50개를 세웠다는 것이지요. 이런 것을 제가 한 것이 제 자신도 신기했어요. 다른 절에 이런 큰 건물이 별로 없어요.

그러면 최초의 불사는 무엇이었나요.

● 그것은 만세루의 종 불사였어요. 강사로 첫해에 와서 있다가 방학을 하게 되는데, 종이 깨지는 소리가 나요. 그래서 학인스님들에게 형편이

학인들과 운문사 대웅전 불사를 추진할 때의 모연문.

되는 대로 조금씩 모금을 해 오라고 했어요. 그래 가지고 종을 새롭게 만
들어서 달았지요. 물론 그때의 주지인 태구 스님하고 의논을 했습니다.

스님은 1977년에 운문사 농지 매입을 하였습니다. 건물 불사는 이야
기가 많이 되었지만, 농지 매입은 소홀하게 인식되었습니다. 이번 기
회에 그 전후 사정을 들려주시지요.

● 1977년에 운문사 주변의 땅을 사서 운문사 소유로 만들어 놓은 일이
있습니다. 제가 한 불사의 내용, 면적, 돈에 대해서는 전부 기록으로 보
관하였습니다. 그리고 일부는 전부 정리하여 타이핑을 해 놓았습니다.
나 혼자 불사를 한 것이 아니라 같이 일한 전임 주지스님, 3직스님들이
마음을 합쳐서 한 것입니다. 차후에는 이런 자료를 갖고 연구를 하면
좋겠지요.

스님께서는 불사를 하시면서 기도를 하였다는 말을 들었어요.

● 그래요. 처음 시작할 때 표충사 관음전에 가서 권선이 잘 되게 해달라고 108배 기도를 했습니다. 관음전에 있는 천수천안 관세음보살님에게 아주 간곡하게 간청하는 기도를 올렸죠. 그랬더니 표충사 스님께서 당시 돈 100만 원을 권선책에 써주시더라구요. 그래서 눈이 번쩍 뜨이면서 용기를 갖게 되었습니다.

그래서 경상도와 부산을 돌면서 오전에는 비구스님이 있는 절을 가고, 오후에는 비구니스님이 있는 절을 갔어요. 방학 때는 서너 번을 돌면서 권선을 했습니다. 절에 찾아가서는 비구니 학인들의 공부를 도와 달라고 하니까, 대부분은 협조했어요. 전부 거절을 안 해요. 전라도, 경상도에 안 간 절이 없을 정도입니다. 그리고 신도들도 후원을 많이 했어요. 1억 원, 1천만 원, 500만 원, 100만 원 등 다양하게 도와주었어요. 100만 원의 후원이 제일 많았습니다. 그때 후원을 받은 불사 기록은 전부 보관하고 있어요. 담당자들이 육필로 써 놓았어요. 그리고 그것을 보고 정리하여 타이핑을 해서 재정 내역이라는 제목의 문건을 만들었습니다.

불사를 하실 때의 좌우명, 기준은 있었나요.

● 그 시절, 운문사는 전기도 안 들어오고, 목욕탕도 없어서 많은 고생을 했어요. 배우려고 몰려드는 학인들이 공부하고 머물 공간도 없었습니다. 저는 운문사 불사를 점입가경(漸入佳境)으로, 호시우행(虎視牛行)하는 정신으로 한다고 그랬어요. 이는 천천히, 꾸준하게 추진한다는 것입니다. 그런 마음으로 현재까지 온 것으로 보면 됩니다.

맨 처음으로 지은 건물은 무슨 건물인가요.

● 그것은 회성당입니다. 우선 강당을 지어야 하겠다고 생각하고, 그때 주지스님인 태구 스님과 상의해서 불사를 했어요. 그래서 주지스님과 학인스님 등 모든 스님들이 십시일반으로 내고, 권선을 하고 그랬어요. 태구 스님은 여기 운문사 입구가 고향입니다. 아홉 살에 운문사 산내 암자인 청신암에서 출가를 하였는데, 1970년에 주지로 오셨고, 제가 그 스님을 주지로 모시고 강사를 하였어요. 부산의 반야사라는 절에 계시다가 돌아가셨지요. 회성당은 처음에는 회운당으로 불렀는데, 이름을 고쳤어요. '모을 회(會)'자, '별 성(星)'자로 했습니다. 별들의 모임, 반짝반짝하는 별들이 많이 모이는 것이 좋겠다고 해서 그리 고쳤지요.

오대산 적멸보궁에서 기도를 하시지 않았나요.

● 청풍료 공사를 할 때 상원사 적멸보궁에 가서 기도를 했습니다. 그때도 화주를 구하러 권선을 하러 다녔는데 강원도부터 돌기로 했어요. 그래서 부처님 진신사리가 보관된 적멸보궁에서 기도를 해야 하겠다는 판단이 들었지요. 그곳 상원사는 제가 여고 시절에 가서 기도를 올린 곳이고, 그때 큰스님인 한암 스님을 친견한 곳이 아닙니까? 그러니 나로서는 감개가 무량하지요. 하여간 그 보궁에서 학인스님들이 공부하고, 쉴 수 있는 공간이 마련되기를 진심으로 기원했어요. 기도 이후 경기도, 서울, 충청도, 경상도 순으로 모금을 하러 갔습니다. 그때 기억에 남는 것은 제가 너무 신경을 쓰고 피로해서 그런지 운문사로 돌아온 날 저녁에 어금니 두 개가 빠진 것입니다. 이것을 누구에게도 알리지 않았어요. 이번에 처음으로 말을 하는 것입니다. 하여간에 청풍료 공사는 1989년 6월에 완성이 되었습니다. 그래서 사미니, 사집반 학인들이 공부할 수 있는 공간이 마련됐죠.

명성 스님의 위상을 짐작케 하는 인터뷰 기사 도입부.

스님은 강사를 하시다가, 1977년에는 주지로 취임하여 불사를 하시게
되었지요.

● 그래요. 제가 1976년에 운문사 강사를 그만두고 세계일주를 했습니
다. 여행 후에는 선방에 가서 공부를 하거나 기도를 하려고 마음을 먹
었는데, 그게 안 되어서 1977년에 다시 들어와 강사를 했지요.

　　그런데 제가 나가고 없을 때 주지가 바뀌었어요. 태구 스님에서
안혜운 스님이 주지가 되었어요. 제가 없을 때 산불이 나고, 학인이 한
명이 죽고, 산판 계약을 잘못한 일도 생기고 그랬어요. 이런저런 사건
이 일어나니깐 주지가 바뀐 것 같아요. 그래서 안혜운 스님이 하다가,
2년인가 하시다가 그 사제인 혜안 스님이 주지가 되었어요.

그런데 강주와 학장을 겸하게 된 사연은 무엇인가요.

● 그렇게 운문사가 뒤숭숭했어요. 그러던 어느 날 운문사의 본사인 동
화사의 주지를 하시던 서운 큰스님이 저를 보자고 해서 동화사에 갔
어요. 갔더니만 큰스님께서 저에게 "주지를 좀 살지 않겠느냐"고 하세
요. 그래서 저는 절대 안 한다고 거절을 했어요. 그랬더니 그러면 임시
로 그렇게 하라고 하세요. 저는 그래도 거절을 하고 돌아왔더니만, 나
중에 주지 임명장을 내미시는 거예요. 그래서 그때부터 20년을 주지로
살았습니다.

주지와 학장을 겸하면 불사에 좋은 면도 있지 않았습니까?

● 그래서 주지와 강주를 겸하였는데, 1987년도에 승가학원을 승가대
학으로 변경하는 방침이 나왔어요. 그래서 그때부터 주지 겸 학장이
되었지요. 겸하다 보니, 불사라든지, 학인들에 대한 후원이라든가, 교

운문사 학인들의 야외 법회 장면. 운문사의 처진 소나무(500년 노송, 천연기념물 180호)는
운문사의 명물인데, 매년 음력 3월 3일에 막걸리 열두 말을 준다.

운문사 경내에 있는 법륜상(法輪像)의 화단. 부처님의 사상과 지혜가
영원하기를 바라는 뜻에서 명성 스님이 설계하여 세웠다.

육에 시설 사업이 조금 더 원활했지요. 나의 마음, 결단대로 할 수 있었지요. 주지스님에게 물어가지고, 구차하게 간청을 안 해도 되었습니다. 겸직이 운문사 발전에 도움이 되었던 것 같아요. 보통 학장들은 재정적인 권한이 없기 때문에 책상 하나, 연필 한 자루를 사려 해도 절의 눈치를 보게 됩니다. 그런데 저는 학장과 주지를 함께 맡다 보니 책상이 몇 개 필요한지, 무슨 과목을 가르치는 데 어떤 교재가 필요한지를 알 수 있어요. 그래서 그런 것을 즉각적으로 마련할 수 있고, 원활하게 움직일 수 있었지요. 제가 여기에서 겸직을 하니깐 다른 사찰에서도 그렇게 따라온 경우도 있었지요. 학장과 주지를 겸직한 것은 제가 선구자입니다. 동학사, 청암사, 봉녕사도 제가 한 것처럼 다 했어요.

운문사 강원의 운영 재원은 상당 부분, 사리암에서 나오는 것으로 알고 있어요. 그런데 운문사는 재정 투명성이 분명하고, 그런 바탕에서 불사의 기반이 견실하다는 증언을 해주신다면.

● 그 당시 운문사의 재정은 학인들이 맡아서 다 했어요. 그래서 운문사는 재정 투명성이 분명합니다. 학인들이 회계, 서기, 도감 그런 것을 다 맡아 가지고 했어요. 재무스님도 회계한테, 주지스님도 회계한테 타가지고 쓰고 그랬지요. 출장비의 돈은 쓰다 남으면 도로 반납하고, 그렇게 철저하게 했어요.

대중공양비라는 것이 있었어요. 대중공양이 들어오면 장부에 다 기입합니다. 돈이 들어오면 들어오는 대로, 물품이 들어오면 들어오는 대로 다 기입이 돼요. 그리하였다가 그 돈과 물품을 학인들에게 다 나눠줍니다. 절대로 그것이 사중으로 들어가지 않았어요. 하여튼 대중공양으로 들어온 것은 불사에 쓰지 않는다는 것입니다. 용도가 다르게 쓰는 것을 절집에서는 호용죄(互用罪)라 그래요. 세속에서도 바꿔 쓰는 그런 것을 유용(流用)이라고 그러지요.

스님은 재정 투명성의 원칙과 정신이 분명하셨군요.

● 운문사에서는 장부를 따로 기재했어요. 그래서 총무원에서 감사를 하러 왔을 때 '아, 이런 장부도 다 있느냐'고 그러더래요. 제가 주지를 사는 20년 동안에 교무장부, 재무장부를 일일이 수판을 놔 가지고 전부 감사를 했어요. 총무원에서도 장부를 잘 해놨다고 칭찬하더래요. 지금도 그것을 이어받아서 하고 있습니다. 학인이 장부 기재를 하되, 감사는 주지인 저한테 받아야 했지요. 학인들이 직접 하고, 학인들을 위해 돌려주니까 아무 불평불만이 없었어요.

명성 스님이 사리암과 법당을 불사한 사실을 보도한 『불교신문』의 기사.

사리암을 비롯한 불사 회향식의 증명 법사로 월산 스님을 모셨는데, 특별한 연유가 있었나요?

● 월산 스님은 원로회의 의장을 역임한 큰스님이었어요. 그 스님은 경주 불국사에 계셨는데, 아주 큰스님입니다. 그래서 저는 그 스님을 운문사 사리암의 불사 회향을 할 때 증명법사로 모신 것입니다. 나반존자 점안식의 증명법사로 모셨는데, 노스님이어서 여기 운문사에서 사리암을 향하여 점안을 하셨지요. 그리고 저는 월산 큰스님에게 새해의 정월이 되면 꼭 세배를 가고 그랬습니다. 그런 인연으로 큰스님으로 모셨고, 회향식에도 모신 것이지요.

불사를 비롯한 수많은 일을 하면서 그만큼 난관이 많았을 터인데, 그것을 어떻게 극복하셨습니까?

● 저는 그것을 불보살님에게서 얻었지요. 저에게 불보살님은 영원한 빽입니다. 그분들이 저의 역경을 다 해결해 주세요. 위태할 때마다 잘 안 되면, 저는 기도를 합니다. 그러면 역경을 극복할 수 있는 힘은 제 힘에다가 불보살님의 힘을 합쳐서 박차를 가하는 거예요. 잘 달리는 말을 채찍으로 치면 더 잘 달리듯이 부처님 힘하고 제 힘을 합치는 거예요. 부처님 힘도 중요하지만, 제 힘이 제일 중요해요. 제 힘에다가 부처님 힘을 더해서 나가면 난관이 극복됩니다.

운문사 불사의 대부분은 스님이 주관하셨지요. 대단한 불사였습니다. 그런데 스님이 주지로 발령 나기(1977년) 이전에는 금광 스님, 수인 스님, 태구 스님, 혜운 스님, 혜안 스님이 주지로 있으면서 고생도 하시면서 사찰 수호에 노력을 했습니다. 이런 측면도 차후에는 운문사 역사 차원에서 보강이 되어야 한다고 봅니다. 그래서 이 스님들에 대해서 들려주세요.

● 지금 지적한 말은 좋은 내용입니다. 추후, 그런 내용은 후학들이 철저하게 정리해야 합니다. 정화불사 후 여기 운문사 주지로 부임한 금광 스님은 고향은 전주인데, 운문사 청신암으로 출가를 하셨대요. 그 스님이 청신암으로 출가를 할 때 가마를 타고 왔다고 합니다. 집안에서 우리 딸을 함부로 못 하게 그리 보냈다는데 가마를 타고 출가한 것은 유일한 사례입니다.

그리고 그다음 주지를 한 수인 스님도 공로가 많아요. 주지를 살면서 땅을 많이 찾고, 대처승과 재판을 하면서 절의 수호를 하셨어요. 이 스님도 고향이 여기이고, 운문사 청신암 출신입니다. 제 선배이기에 부산 절인 서운암으로 찾아가서 인사도 드리고 그랬어요. 노스님이니깐 가서 인사를 드렸죠. 최근 수인 스님의 상좌인 경조 스님이 중앙승가대에서 수인 스님을 주제로 박사학위(『한국 여성 지도자 비구니 성월수인 연구』, 2021)를 받았는데, 나에게 보내 왔더라구요.

제가 강사로 올 때 주지로 같이 들어 온 스님이 태구 스님입니다. 이 스님의 고향이 이곳입니다. 그래서 경상도 중견 비구니스님들이 추천을 해서 운문사 주지가 되었어요. 성격이 너그럽고 덕스럽고 덕망이 있는 분입니다. 이 스님과 저는 화합이 잘 돼서 좋았어요. 이 스님은 부산의 금련회라는 비구니 단체를 지원 스님과 함께 이끌었어요. 금련회는 부산에서 비구니 통학 강원을 운영한 단체입니다.

혜운 스님은 1976년에 주지를 하신 분입니다. 광주에 오래 계셨고, 내원사 주지도 하고, 동진출가를 하셔서 수행을 잘하신 스님입니다. 별소계단의 전계사를 오래 하신 정행 스님의 상좌인데, 저하고 같이 명사 품계를 받았어요. 혜안 스님은 해인사 삼선암 출신인데, 정행 스님을 잘 모신 효상좌로 유명합니다.

스님이 수행한 가람 불사에 만족하시는지요.

● 글쎄요? 예전에 김우중 씨가 쓴 책 『세계는 넓고 할 일은 많다』를 읽은 적이 있습니다. 이제는 나이가 들고 보니, 할 일을 찾기보다는 제 삶을 정리하고 있지요. 제가 한 가람 불사의 뜻은 역사적으로 정리될 것입니다. 이제는 후배스님들이 주축이 되어 하고 있어요. 저는 나 자신의 수행에 전념하면서 성찰의 시간을 갖고 있어요. 예전에 중국에 갔을 때 낙산의 부처님을 참례한 적이 있어요. 부처님 발에 몇 사람이 설 수 있을 정도로 큰 부처님이었어요. 낙산이 매우 가팔라서 떨어질 수도 있는 위험한 곳이었는데 그때 거기에서 미륵불을 염하면서 '미래세 미륵부처님의 회상에 태어나 출가 수행해 부처님 법을 전하겠습니다' 하고 원을 세웠지요. 지금도 그런 마음입니다.

전국비구니회장으로
비구니스님들을 이끌다

명성 스님 수행록

스님은 전국비구니회 회장을 역임하셨습니다. 그런데 전국비구니회의 전신이 1968년에 만들어진 우담바라회입니다. 이번 기회에 우담바라회의 창설에 대한 비사를 회고하여 주시지요.

● 그렇게 하지요. 우담바라회가 만들어진 곳은 제가 머물던 청룡사입니다. 그래서 제가 그것에 대해서는 많이 알고 있어요. 청룡사에 있을 때 정진행 보살(이경재)이라는 분이 저를 찾아왔어요. 그 보살은 이선근 동국대 총장의 누이였어요. 그 보살이 봉은사 옆에서 보육원을 하는 분인데, 저를 찾아와서 자기 경험을 얘기하는 거예요. 그 이야기는 여성의 지위, 비구니의 위상 등에 대한 것입니다. 그 보살에게 이야기를 들을 때 저, 광우 스님, 덕수 스님이 함께 그 이야기를 들었어요.

청룡사에서 시작되었다는 것을 구체적으로 말씀해 주세요.

● 오래되어서 기억이 애매합니다만, 정진행 보살에게 그런 이야기를 듣고 나서 제가 광우 스님에게 우리 비구니들도 비구니 발전을 위한 모임, 단체를 만들자고 제안을 했어요. 우리 비구니들도 부처님 제자로

서 부처님의 가르침을 널리 유포하는 그런 역군이 되자, 그것이 중심 사상이었습니다. 우리 비구니들도 좋은 일을 해보자는 이런 뜻에서 발기를 한 것입니다.

그러면 발기인이라고 할까, 초창기 주역은 어느 스님이었나요?

● 그렇게 시작을 해서 청룡사에서 발기를 했는데 광우 스님, 수덕사 견성암의 선원장으로 있던 덕수 스님, 저 이렇게 세 명이 시작했습니다. 그래서 셋이 모여 '우리도 좋은 일을 한번 해봅시다', 이렇게 말을 하면서 처음으로 제일 먼저 발기를 했어요. 이게 핵심 포인트입니다. 그러니깐 청룡사가 우담바라회의 발상지입니다.

그렇게 해가지고 그 후에 세등 스님, 도원 스님, 진관 스님, 명원 스님 등 여럿이 합류하고 동참했습니다. 지금은 다 작고하셨어요. 그래서 모이자고 연락하고 주선한 거는 광우 스님하고 접니다. 인제 모이자, 하면서 회의를 제일 많이 한 곳이 청룡사예요. 제가 있는 청룡사에서 시작이 되었어요. 창립총회는 보문사에서 했는데 그때 전국에서 올라온 비구니스님이 50여 명이 되었어요. 이런 것을 지금 비구니회 간부 스님들은 몰라요.

그래서 초대 회장은 은영 스님이었어요. 그리고 2대 회장은 석굴암에 있는 천일 스님, 3대 회장은 화운사의 지명 스님, 4~5대는 혜춘 스님, 6~7대는 광우 스님이 했어요. 그다음에 제가 8~9대를 했습니다.

우담바라회의 초기 상황은 아주 중요한 역사입니다. 이런 것은 비구니 스님들도 주목하지 않았어요. 그러면 추가 질문을 하지요. 우담바라회 취지문, 강령이 전해지고 있습니다. 이것은 누가 만든 것입니까?

우담바라회의 발족 보도기사.
명성 스님은 우담바라회
결성에 주도적 역할을 했다.

전국비구니회 전신인 우담바라회 정기총회, 임시총회 보도기사.

● 취지문은 동국대 국문학과의 이병주 교수가 지었어요. 그때 광우 스님이 그 교수님을 찾아가서 부탁한 것으로 알고 있어요. 강령에 대한 것은 기억이 나지 않아요. 그리고 우담바라회 현판은 걸지 않은 것으로 기억해요.

우담바라회가 결성, 출범하고서 처음으로 시작한 사업은 무엇이었나요.
● 우선 비구니 회관을 지으려고 했습니다. 회관이 있어야지, 그곳에서 모여 이야기를 할 수 있지요. 터전이 있어야지, 모일 수 있는 장소도 있고 회의도 하게 되고 그러지 않겠습니까? 그래서 우선은 이제 회관부

터 지어 놓고 보자고 했어요. 그래서 회관 터를 구하려고 서울, 지방으로 많이 돌아다녔어요.

회관을 지으려면 재원이 많이 필요한데, 그 모금은 어떻게 추진하셨나요.
● 그래서 우리가 전국 비구니들을 찾아가서 호소하고, 화주를 했어요. 지방으로 돌아다녔습니다. 차를 대절해서 내원사, 석남사로 유세하려 다니고 그랬죠. 권선(勸善) 책을 가지고 전국을 누볐어요. 화주에 나선 스님은 저하고, 광우 스님, 진관 스님, 세등 스님이었죠.

비구니회관을 지으려고 한 장소는 어디였고, 회관 건립은 성사가 되었나요. 수국사 근처가 비구니회관의 터로 정해지지 않았습니까?
● 그래요. 그러나 수국사 근처로 정해졌으나 그 이후에 추진이 잘 안 되었어요.

제가 보기에 청룡사에서 우담바라회 라는 비구니 단체가 최초로 결성된 것은 우연이 아니고, 1965년 무렵부터 청룡사에서 비구니들의 수행, 수계 등의 자주적인 모임이 우담바라회 출범의 정신적 기반이 되었다고 볼 수 있습니다. 이에 대해서는 어떤 입장을 갖고 계십니까?
● 제가 한 일을 갖고 말을 하기는 그렇지만, 청룡사에서 우담바라회가 시작되었다는 것은 강조가 되어야 합니다. 그것이 역사적 사실이니까요. 그리고 그 전에 청룡사에서 비구니들의 자주적, 자생적인 수행 흐름이 조성되었어요. 제가 『사미니율의』를 펴내고, 비구니 200여 명에게 수계를 하도록 주선했습니다. 이런 것도 차후에는 역사적인 평가를 받아야 합니다.

청룡사 비구니 수계법회 기념 촬영(1968.9.17.). 수계법사인 일타, 석주, 석암, 자운, 구산, 혜암 스님이 보인다.
청룡사 주지인 윤호 스님과 청룡사 강사이었던 명성 스님도 나온다. 청룡사에서의 비구니 교육(1965~1968)은
전국비구니회 전신인 우담바라회 출범의 단초가 되었는데, 명성 스님이 주역으로 활동했다.

명성 스님이 청룡사에서 추진한 비구니의 수행, 정진을 보도한 기사.

청룡사에서 윤호 스님, 일타 스님, 구산 스님과 함께(1961) 한 명성 스님.
명성 스님은 청룡사에서 비구니 계율 교육을 자주적으로 시행했다.

명성 스님이 전국비구니회 간부로 지부 순회(1981. 1. 26.)를 하고 기념 촬영한 비구니 스님들.

        명성 스님 수행록

우담바라회는 1980년에 전국비구니회로 명칭을 전환하였습니다. 거기에는 어떤 연유가 있었나요.

● 우담바라회가 설립되었지만, 잘 안 되었어요. 비구니회관도 짓지 못하고, 뭐가 발전이 잘 안 되니깐 명칭을 바꾸어 보자고 한 것이지요. 우담바라라는 꽃은 3천 년 만에 한 번씩 꽃이 피므로, 일이 성사가 잘 안되니깐 명칭을 바꾸자고 했어요. 그래서 '전국비구니회'라고 명칭을 바꿨어요. 그러다가 1985년에 '대한불교조계종 전국비구니회'로 재창립하면서 오늘까지 이어져 오고 있어요. 그때 서울 종로에 있는 근학빌딩 2층에 사무실을 내고 개원하는 현판식도 하였습니다.

1981년 전국비구니회가 비구니대학을 설립했습니다. 성라암에 대학이 세워졌는데, 묘엄 스님이 학장으로 추대되어 출범을 했습니다. 그 전후 사정을 말씀해 주세요.

● 저도 그 대학의 운영 이사였어요. 묘엄 스님을 비구니스님들이 학장으로 추대를 했는데, 묘엄 스님이 처음에는 안 한다고 그랬어요. 그래서 대구에 살던 태호 스님과 제가 봉녕사에 가서 묘엄 스님에게 학장을 하라고 권유를 했더니 했어요. 그런데 비구니대학은 1년을 하다가, 재정문제로 인해서 중앙승가대에 합병이 되었지요.

광우 스님의 회장 시절, 스님께서 많은 협조를 하셨지요.

● 광우 스님은 재창립을 하고 1995년에 회장을 했어요. 나와 광우 스님은 우담바라회 창립의 주역이고, 그래서 자연적으로 광우 스님이 회장이 되자 저는 그 스님을 돕게 되었지요. 1989년부터 부회장으로 광우 스님을 뒤에서 도왔지요. 그리고 그때 서울 목동의 청소년회관을

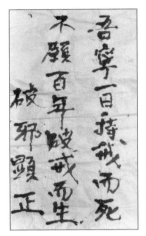

寧寧一日持戒而死
不願百年破戒而生.
破邪顯正

명성 스님이 '비구니' 영화
상영 반대 전국비구니 대표자
대회(1984.6.10, 조계사) 당시,
비구니의 자존심을 세우기
위해 쓴 혈서.

비구니회가 맡아서 운영을 했는데, 저도 12년간 거기의 운영위원장을
맡아서 도왔지요.

스님께서 비구니회장으로 취임한 연유는 무엇인가요.

● 저는 광우 스님의 뒤를 이어서 2003년부터 회장이 되어 일을 했어
요. 그런데 저는 그 당시에 칠십이 넘은 나이였고, 운문사가 지방에 있
고 그래서 서울에 다니기가 매우 어렵다고 보고, 또 능력이 없다고 하
면서 극구 사양을 했어요. 그러나 전 회장인 광우 스님, 비구니회 수석
부회장이었던 진관사의 진관 스님, 운영위원장이었던 석불사의 법운
스님 등 선배스님들이 운문사로 내려와서 밤을 새워 가면서 저를 설득
했어요. 이 스님들은 우리가 중간에 죽더래도 저를 회장으로 권하자는
그런 다짐을 했대요. 그 이후에도 지속된 설득이 있었어요. 선배스님
들의 적극적인 권유와 설득으로 수락하고 일을 보았지요.

비구니회장으로 주력하신 문제는 무엇이었을까요.

● 전 회장이신 광우 스님께서 천신만고 끝에 비구니회관을 지어 놓으셨는데 어떻게 운영할지 고민이 많았어요. 그래서 밤새 고민을 하다 보면 베갯잇이 땀으로 흠뻑 젖을 정도였습니다. 전국의 지회를 돌며 조직을 강화했고 홍라희, 윤용숙, 박명혜, 정금자 보살님들의 협조로 겨우 숨을 돌리면서 사업을 추진했어요. 한마음선원 대행 스님도 많이 도와주셨죠.

많은 정성을 들이셨군요.

● 취임 후 우선 한 일은 비구니회관을 안정적으로 운영하는 일이었죠. 신중단 설치, 매점 운영 그리고 다양한 문화강좌를 마련했어요. 그것은 사찰 요리, 다도, 서예, 요가, 민화, 무용, 도자기, 비누 공예, 천연 염색, 상담 등의 강좌를 마련한 것입니다. 이를 통해서 회관의 재정적 안정과 포교의 발판을 마련하였죠.

그리고 관세음보살 32응신을 상징하는 32명의 비구니 법사스님 초청, 『법화경』 산림 법회를 열었어요. 그것은 매우 희유한 불사였습니다. 그리고 무비 스님을 초청하여 『유마경』 법회도 열었습니다. 그 밖에도 비구니회 임원진, 동국대 교수진도 초청하여 법문을 하였어요. 또한 비구니 수행 교육(5차)을 한 것도 의미가 있어요. 1980년대에 봉녕사, 석남사에서 비구니 수행 교육을 하였는데 중단되었어요. 그래서 그것을 복원하면서, 새로운 시대에 맞는 주제를 선택하여서 했습니다.

많은 활동을 하시면서 고생을 하셨는데, 재임을 하신 연유는 무엇인가요?

● 저도 회장을 한 번만 하고, 운문사로 내려가려고 퇴임 준비를 하고

명성 스님이 주관한 한국 비구니 수행 전통 포럼을 보도한
『불교신문』의 기사(2006. 6. 10.).

그랬어요. 그랬는데 제가 벌여 놓은 일을 마무리를 해야 한다는 간청을 받아 수용했지요. 그때 저보다 더 능력이 있는 비구니스님들에게는 미안한 일이었지요.

저는 비구니회장을 처음 할 때와 재임할 때도 선거를 하지 않고 추대를 받았습니다. 저는 회장을 두 번 하는 것을 싫어했어요. 원하지 않았지만 또 추대를 받은 것입니다. 당시에도 저는 능력이 없다, 거리가 멀다, 총명하지 않다는 세 가지 불능(不能)을 내세웠지만, 추대를 받아서 또다시 봉사를 한 것입니다.

비구니 역사 복원, 학술적인 작업도 추진하셨지요.

● 비구니회장으로 하였던 일 중에서 보람이 있는 것은 비구니스님들의 평가, 복원 작업을 한 것입니다. 한국 비구니의 수행 전통이라는 포럼을 하고, 거기에서 발표된 글을 모아서 책을 냈어요. 『한국 비구니의

수행과 삶』을 두 권을 펴냈지요. 제가 회장을 할 때 그런 가치가 있는 책을 낸 것을 보람 있는 일이라고 생각됩니다.

그리고 지금 비구니회장을 하는 본각 스님이 중앙승가대에 비구니연구소를 만들어서 비구니 역사 자료집을 몇 권을 펴냈을 때 제가 도움을 주고 그랬어요. 저도 그런 일을 한 것을 자랑스럽게 여깁니다.

스님은 비구니회장 시절, 국제회의를 주관하고 외국에서 열린 대회에 적극적으로 참가하였지요.

● 그래요. 전국비구니회 주최로 2004년 서울에서 개최한 '제8차 세계 여성불자대회'는 한국불교의 위상을 높인 행사였습니다. 세계 29개 국가 1,000여 명의 비구니스님과 여성 불자들이 동참한 행사였지요. 또 2006년과 2008년에는 태국에서 개최한 웨삭(Vesak)데이와 2007년 독일 함부르크대학에서 개최된 '승가에서의 여성 불자의 역할에 대한 국제대회'에 참가해 남방불교 국가에 비구니 교단을 인정해달라고 건의했습니다.

이런 활동의 일환으로 티베트에서 달라이 라마의 발원으로 비구니 승단을 건립할 때 40명의 비구니스님들과 참석하는 등 한국의 비구니 교단을 세계에 알리고, 비구니 교단의 필요성을 설파하는데 많은 노력을 기울였지요. 이렇게 각종 국제 불교 대회에 참석한 결과 한국의 비구니 승가는 세계 비구니와 여성 불자의 롤 모델이 됐고, 위상도 많이 높아졌다고 볼 수 있어요.

비구니회장으로 참가하신 국제회의에서 가장 인상깊었던 일은 무엇입니까?

● 다시 강조하면 그것은 국제회의에 많이 참가한 것입니다. 제가 비구

니회장이 되어서 외국에서 열린 비구니 대회에 몇 번을 참석을 했습니다. 그것은 우리 한국 비구니의 위상을 세계에 알리려는 목적에서 나온 것입니다. 그리고 비구니의 존재와 위상을 강조하려는 마음도 있었습니다. 몽고, 태국, 독일에 가서 기조연설을 했어요. 그중에서 달라이 라마가 참석한 독일의 함부르크 대회에서 발표를 한 것이 가장 기억에 남아요. 함부르크 대회에서는 달라이 라마의 옆에 제가 앉고, 제 옆에는 세계적인 비구니 고승들이 배석을 하였습니다. 그때 저는 비구니 정체성 그리고 비구니계단의 당위성 등 제가 하고 싶은 말을 다 하고 내려왔습니다. 그리고 비구니를 무시하는 나라인 태국의 국왕은 한국 비구니 15명의 숙박비를 다 대고 우리들을 초청했습니다. 이때도 저는 당당하게 한국 비구니 교육의 전통을 소개하면서 비구니의 정체성을 강력하게 주장했지요.

유엔에서 수여한 '탁월한 불교 여성상'을 받는 명성 스님(2008).

명성 스님 수행록

우리 한국에서도 세계적인 여성불자대회를 제가 회장일 때 개최하였지요. 그것이 샤카디타(Sakyadhita)라는 것인데, '부처님의 딸'이라는 뜻을 갖고 있습니다. 그 대회를 열게 된 것도 값지고 큰일이었습니다.

세계적인 대회에서 기조연설을 하실 때 강조하신 것은 무엇인가요.
● 그것은 비구니의 위상을 강조하는 것이지요. 새는 좌우에 날개가 있어서 날아가듯이, 그리고 수레는 두 바퀴가 있어서 나갈 수 있듯이 비구와 비구니는 평등한 존재라는 것을 이야기를 하였지요. 저는 '비구와 비구니는 경전에 나오듯이, 나란히 평등하게 있다'고 설명하면서 비구니들을 무시하면 안 된다고 큰소리로 강조하였지요.

그 무렵 스님은 국제적인 수상, 그리고 명예박사 학위를 받으셨지요.
● 그래요. 2008년에는 유엔이 주는 '탁월한 불교 여성상(OWBA)'을 받았습니다. 또한 태국의 명문 대학(마하쭐라롱콘 국립대학)에서 주는 명예박사 학위도 받았지요.

명사가 되신 것에 대한 소감을 들려주세요.
● 그것은 제가 비구니회장을 할 때 만들어진 품계 제도입니다. 그때가 지관 스님이 총무원장을 할 때입니다. 종단 비구 큰스님들에게는 대종사라는 법계가 있습니다. 그러나 우리 비구니스님들은 그에 대비되는 품계가 없었는데, 그것을 만든 것입니다. 비구니스님은 계덕부터 시작해서 정덕, 혜덕, 현덕, 명덕을 거쳐서 명사가 되는 것입니다. 지덕이 높은 비구니스님을 명사로 모시는 것이지요. 그때 처음으로 명사로 추대된 스님은 저를 비롯해서 광우 스님, 묘엄 스님, 혜운 스님, 정화 스

님, 지원 스님, 정훈 스님 등 일곱 명입니다. 그런데 무심하게도 세월이 지나니깐 지금은 다 돌아가시고 저 혼자 남았네요.

비구니회의 원로의장으로서도 활동을 하셨지요.

● 원로회의는 비구니회가 문제가 생기거나, 유사시에 자문의 역할을 해주는 것입니다. 사업과 일에 관여해서는 안 된다는 판단을 갖고 임했어요. 저는 처음에는 저를 의장으로 추대한다고 했을 때 나이가 많고 귀가 어두워, 스님들과 소통에 문제가 된다고 사양을 했어요. 그러면서 다른 스님이 맡아 달라고 부탁을 했습니다. 그럼에도 제가 맡아야 한다고 부탁을 해서 저는 수행력이 부족하지만 여러 원로스님이 도와주신다면 함께 거드는 입장에서 해 보겠다고는 하였지요.

하여튼 원로회의는 전국비구니회라는 수레바퀴가 잘 굴러갈 수 있도록 돕는 것이라고 보았어요. 그리고 혹시 비구니회의 내부에 문제가 생기면 조정과 화해의 역할을 하는 것입니다. 비구니회 원로회의는 비구니계의 상징 어른으로, 후배들의 발자취가 되고, 유사시에 자문 역할을 했습니다. 명사추대위원회를 통하여 명사를 종단에 추천하는 정도만 하였고, 잘 달리고 있는 말을 채찍으로 격려해주는 것과 같이 하면 좋을 것으로 생각됩니다.

열린비구니모임이 결성되었는데, 이는 비구니회의 분열을 뜻합니다. 이에 대한 소회는 갖고 계신가요.

● 하여간 그런 단체가 나왔다는 자체가 불미스러운 것입니다. 비구니회는 내부적으로 대화, 소통을 해서 비구니들의 권익을 증장시키고 불법과 종단을 발전시키는 일을 해야 할 것입니다.

원력을 회향하다

명성 스님 수행록

스님께서는 종회의원으로 종단 발전에 기여하셨는데, 소감은 어떠하신지요.

● 종회의원을 몇 차례 했습니다. 정화운동 이후, 비구니스님들도 종단 대표로 몇 명이 추천되었습니다. 저도 그 관행으로 추천되어 활동을 하였지요.

스님은 비구니 별소계단에서 다양한 활동을 하셨습니다. 어떻게 해서 그런 중책을 맡게 되셨나요?

● 석남사의 인홍 스님이 1982년에 비구니 중진 모임을 주관하였어요. 그때 저도 참가하였는데, 거기에서 비구니들의 계율 특강을 하자고 결정을 했어요. 그해 여름에 서울 진관사에서 열흘간 계율강의를 하는 법회를 개최했는데 저도 가서 들었습니다. 그 강의에 자운 스님은 증사로 있었고, 강의는 지관 스님이 했어요. 그때 강의를 끝내고 나서 자운 스님이 비구니계단의 책임자를 정해 주셨습니다. 정행 스님이 전계대화상이고, 묘엄 스님이 갈마아사리이고, 저는 교수아사리가 되었어

운문사에서 개최된 비구니 수행교육 보도기사(1986.8.).

운문사에서 개최된 비구니 2차 수행교육(1986. 8. 21~24.)을 마치고 기념 촬영한 대중.

요. 그때부터 비구니계단의 교수아사리를 많이 했어요. 강의를 많이 했습니다.

1983년에는 운문사에서 비구니 계율 특강을 또 했어요. 그때도 자운 스님이 증명이었고, 강의는 일타 스님이 했습니다. 그리고 1986 년에도 여기 운문사에서 비구니 수행 교육이 열렸지요. 그때도 전국에서 비구니스님들이 많이 왔어요.

스님께서는 비구니계단의 전계대화상을 하셨습니다.

● 그래요. 1982년부터 교수아사리를 많이 했고 2001년부터는 3년간 전계대화상을 하다가, 잠시 안 하다가 그 이후에 또 했어요. 이부승 제도가 되어서, 비구니들이 따로 하는 것을 별소계단이라고 합니다. 이부승 제도는 단일 수계산림을 할 적에 별도 공간에서 비구니가 비구니들에게 계를 설하고 나서, 다시 비구스님들과 함께 본 계단에서 계를 받는 것입니다. 그러니깐 재인정을 받는 것입니다. 저는 그때 348계를 다 강의했어요. 그래서 여기 운문사에도 보현율원을 세워서, 비구니들도 계율 정신을 알아야 하기에 가르쳤어요. 지금은 일진 스님이 맡아서 잘 하고 있습니다.

어린이여름학교를 운영하면서 지역 포교를 하셨습니다.

● 그렇지요. 1980년대부터 운문사에서 여름불교학교를 열어서 시작했어요. 운문사의 교화부 학인들이 중심이 되어서 했습니다. 교화부는 어린이법회, 보육원과 자매결연, 교도소 후원 등을 했어요. 그런 힘들이 모여 2011년에는 경산에 운문사 직영의 운문유치원을 개원하였지요.

스님께서는 군포교 활동을 많이 하셨어요. 제가 보기에 스님께서 오계를 재해석하여 군인들의 마음을 파고든 것이 아닌가 합니다. 이에 대한 견해를 말씀해 주세요.

● 계(戒)라는 것은 악을 없애고 선을 드러내는 근본입니다. 그리고 범부를 벗어나 성인으로 가는 씨앗이자, 지름길입니다. 그러니 오계를 잘 실천하면 행복한 삶을 실현할 수 있어요. 저는 이런 관점을 갖고 젊은 군인들에게 다가갔습니다. 그래서 기존 오계의 '하지 말라'의 경계의 언어를 적극적인 실천의 언어로 바꾸어 설명을 하였습니다. 그것은 자비심으로 중생을 사랑하라(불살생), 보시를 행하여 복덕을 지으라(불투도), 몸과 마음의 청정행을 지으라(불사음), 진실을 말하고 신뢰를 지켜라(불망어), 언제나 밝고 맑은 지혜를 지켜라(불음주) 등입니다. 오계를 지키는 것은 아름다운 인생을 위한 약속이라고 강조를 하였지요. 이렇게 하니 군인들의 마음이 움직인 것 같아요.

그래서 저는 논산 육군훈련소에 2007년부터 가서 훈련병들에게 네 번이나 수계를 해주었습니다. 그리고 육군사관학교에 가서도 사경법회를 하였지요. 제가 비구니스님으로 군포교 수계법회를 하였는데, 이것은 전국비구니회와 이곳 운문사 스님들이 수희동참을 해서 가능하였지요. 그래서 2011년에는 조계종 군종교구장인 자광 스님이 저의 군포교에 대한 활동에 대한 감사패를 주기도 했습니다.

스님이 군포교 하신 내용을 구체적으로 말씀하여 주세요.

● 그럴까요. 논산에 있는 육군훈련소의 포교당에서 군장병들을 상대로 오랫동안 했습니다. 일면스님이 군종교구장을 할 때에는 2,000여 명을 상대로 수계법회를 했습니다. 그렇게 수계법회를 하면 700만 원

명성 스님이 포교대상을 받는 장면을 보도한 『불교신문』의 기사.

어린이 포교를 위해 개설한 운문사 여름학교에서 법문하는 명성 스님.

으로 초코파이를 사서 군인들에게 나누어 주었지요. 그리고 자광 스님이 군종교구장을 할 때에는 3,500명의 군인들에게 수계를 해주었어요. 그때에는 1,000만 원어치의 초코파이를 사서 나누어 주었습니다. 또 정우 스님이 군종교구장을 할 때에도 3,500명을 상대로 하였고, 이 때에도 1,000만 원 상당의 초코파이를 사서 수계를 받은 군인들에게 주었습니다. 그리고 제가 서울 태릉에 있는 육군사관학교에 가서 사경 법회를 했습니다. 제가 그렇게 법문을 한 것은 화랑오계를 가르친 원광법사가 여기 운문사에 주석한 역사가 있기 때문입니다. 비구니스님으로 육군사관학교에 가서 법문을 한 것은 제가 처음일 것입니다. 이후에 육군사관학교 생도들을 운문사로 초청해서 자매결연을 맺고, 그들이 불교에 관심을 갖도록 정성을 다했습니다.

원광 법사를 추모 계승한 화랑오계비 사업을 회고하여 주세요.
• 1994년에 운문사 개울가에서 주워온 돌로 조성한 화랑오계비는 동국대 황수영 총장에게 자문을 받아 매표소에서 운문사로 들어오는 길 좌측 편에 세워졌는데 그 후 2014년에 대웅전 뒷마당으로 옮기고 이전 법회를 거창하게 치렀습니다. 당시 그 법회에는 육군3사관학교 교장님과 많은 생도들이 참가했고 청도 군수님도 오셨습니다. 현재의 자리는 원래 보리밭이었는데 화랑 동산으로 이름을 바꾸었습니다.

운문사에서는 원광연구소도 설립하고, 화랑정신을 널리 알리는 활동을 하였지요.
• 그래요. 2013년에 원광화랑연구소를 개설하고, 개설 세미나도 열었습니다. 그래서 저와 운문사에서는 원광 법사의 세속오계를 재해석하

고, 그것을 군포교 활성화의 기반으로 삼고자 했습니다. 운문사와 3사 관학교가 업무 협약을 통해 상호 간에 교류를 시작했어요. 그 일환으로 제가 3사관학교에 가서 수계법회를 했습니다.

저는 '충성으로 임금을 섬기라(事君以忠)'는 애국정신을 말한다고 봅니다. 임진왜란 때 서산 대사와 사명당이 왜군을 물리치고 나라를 구한 것도 이 정신에서 나온 것으로 봅니다. 그리고 '효도로 어버이를 섬기라(事親以孝)'는 개화기 때 한국의 선불교를 일으킨 경허 스님을 떠올리게 됩니다. 경허 스님은 절 주변에 작은 집을 짓고 모친이 돌아가실 때까지 모신 일화가 유명합니다. 그리고 '믿음으로 친구를 사귀라(交友以信)'는 「보왕삼매론」에서 "친구를 사귈 때는 이익을 추구하지 말라"는 표현이 있는데, 그것과 정신이 같습니다. 네 번째, '싸움에 임해서는 물러나지 말라(臨戰無退)'는 송곳을 들고 정진하신 큰스님들의 수행을 새기게 됩니다. 마지막으로 '산 것을 죽일 때는 가려서 하라(殺生有擇)'는 매월 육재일의 불살생(不殺生)의 실천으로 받아들여도 좋아요. 공자님의 '잠든 새를 화살로 쏘지 않는다'는 것과 같은 의미입니다. 이렇듯이 세속오계를 불교적으로 수용하여 군포교의 이념으로 삼을 수 있다고 봅니다. 나아가서 세속오계는 시대를 초월해서 삶의 지표가 될 수 있어요. 이런 재해석을 통해서 저는 군인, 장교의 일상 규범이 될 수 있다고 보고 군포교에 적극적으로 나섰지요. 운문사에 있는 화랑오계 비석은 1994년에 제가 일중 김충현 선생에게 부탁을 해서 글씨를 받았고, 당시 백상현 청도군수가 건립을 지원했습니다.

스님께서 법계 문학상을 제정, 시상한 것에 담겨진 뜻은 무엇입니까?
● 저의 유발상좌인 소설가 남지심이 권유를 해서 시작하였습니다. 남

지심 작가가 세 번을 권유해서 시작했어요. 문학상을 만든 근본적인 목적은 문학을 통한 포교이지요. 문학 작품의 사회적 역할을 기대하는 것입니다. 저는 어릴 때 성인의 전기문을 비롯해 다양한 책을 읽었어요. 톨스토이의 「부활」, 이광수의 「사랑」, 셰익스피어 작품이지요, 그런 문학 책을 읽고서 '나도 저런 사람이 되어야지' 하는 생각을 하게 되었거든요. 그런 마음이 제가 출가를 한 것처럼, 문학을 통해 부처님의 정신과 불교를 널리 알리려는 마음에서 시작한 것입니다.

스님께서는 수많은 책을 펴내셨고, 번역도 하셨습니다. 그중에서 가장 애착이 가는 작업은 무엇이었나요.
● 동국역경원에서 나온 『한글대장경』에 포함된 「아비달마순정리론」을 번역한 일입니다. 제가 여러 작업을 하고, 책도 냈지만 그것이 가장 자

명성 스님이 포교 진흥 차원에서 운영하는 법계문학상의 시상식.

부심을 느끼는 작업입니다. 그것은 동국대 역경원장을 하신 월운 스님께서 저도 번역을 하라고 해서 한 것입니다. 처음에는 제가 극구 사양을 했는데, 어찌나 바짝 조르시는지 그만 승낙을 해서 한 것입니다. 세친 보살이 지은 「아비달마구사론」을 중현 논사가 반박한 글인데, 이게 80권으로 되어 있습니다.

1996년 동국역경원에서 펴낸 『한글대장경』의 179권과 180권인 「아비달마순정리론」을 번역한 일입니다. 이 책에는 '전명성 옮김'이라고 나와 있는데, 저는 이를 가장 자랑스럽게 생각합니다. 비구니로서 대장경을 번역한 것은 저 혼자밖에 없을 것입니다.

「아비달마순정리론」은 세친 보살이 지은 「아비달마구사론」(30권, 9품)을 오입(悟入) 존자의 문인인 중현(衆賢) 논사가 반박한 책으로, 중국의 현장 스님이 번역하였지요. 초기불교에서 대승불교로 넘어가는 과도기의 대표적인 저술입니다. 하여튼 이런 귀중한 논서를 제가 번역하였습니다.

이 책은 80권으로 되어 있는데, 그 당시에는 번역 지원금이 국고에서 나왔어요. 보조금을 받아야 하니깐 빨리 작업을 진행해야 했어요. 번역할 분량은 많고 시간은 짧았기 때문에, 제가 1권부터 40권까지 번역하고 41권부터 80권까지는 중앙승가대 교수를 한 송찬우 교수가 번역했어요. 제가 번역한 책이 『한글대장경』에 두 권으로 들어가 있는 것입니다.

『법계명성 전집』을 발간한 것에 대한 소감은 어떠신지요.
● 저에 대한 학문, 기고문을 총정리한다는 차원에서 한 것입니다. 그 교정 작업을 하는 데에 꼬박 2년이 걸렸습니다. 그 작업을 함께 한 제자와

명성 스님의 화갑 기념
논문집 발간을 보도한
「불교신문」의 기사.

명성 스님의 논문, 기고문 등을 모아서 펴낸 『법계명성 진집』 발간 기념식 (운문사, 2019. 12. 11.).

출판사에 감사를 드릴 뿐입니다. 비구니 역사 기록의 중요성을 강조하기 위해서 했어요. 기록은 모으고, 정리하지 않으면 사라지고 없어요. 저 자신부터 역사 기록을 모은 것이라고 이해하여 주시길 바랍니다.

스님이 다포에 써서 나누어 주기도 하고, 붓글씨로 써서 나누어 주는 포대화상의 게송이 있습니다. 왜 그 게송을 널리 보급하시는지요.

● 그 시는 다음과 같지요.

아유일포대(我有一布袋)
허공무가애(虛空無罣碍)
전개편시방(展開遍十方)
입시관자재(入時觀自在)

즉 '나에게 한 포대가 있으니, 텅 비어 걸림이 없어라. 펼치면 온 우주를 두루 덮고, 들어갈 때는 관자재하도다'입니다. 이 시는 평소 제가 좋아하는 포대화상의 게송입니다. 평상시 애송하며 인연이 있는 분들에게 자주 전해주는 게송이에요. 포대화상은 석가여래가 돌아가신 후 56억 7천만 년 후 용화세계에서 중생을 제도하는 미륵불의 전신입니다. 그래서 중국의 절에 가 보면 법당 앞면에 포대화상이 봉안되어 있는 것을 볼 수 있어요. 나누어 주어도 나누어 주어도 한량이 없는 복덕의 주머니를 짊어 메고 넉넉한 웃음을 함빡 웃고 있는 포대화상의 모습.

포대화상이 늘 포대를 가지고 다니듯 우리는 마음을 가지고 있습니다. 그것은 펼치거나 오므리거나 여전히 포대이고 마음입니다. 바로 이 사실을 자각한다면 마음의 편안함을 저절로 얻게 됩니다. 그러니

군이 마음을 가지고 마음을 찾을 필요가 없지요. 우리 스스로 마음을 편안하게 할 수 있습니다. 그래서 저는 이 게송을 아끼고, 사랑하고, 널리 알리고 있습니다.

비구니스님들의 사명감을 말씀해 주신다면.
● 부처님이 장부(丈夫)라는 말이 있지 않습니까? 부처님이 장부라면 비구스님뿐만 아니라 우리 비구니스님도 장부입니다. 이런 마음을 가져야 합니다. 우리 비구니스님들은 섬세하고, 자비스러워요. 관세음보살과 같은 자비 사상을 갖고 여성 불자를 포함한 신도들을 제도해야 합니다. 모든 신도를 교화할 수 있다는 신심, 능력, 사명감을 가져야 합니다. 우리나라의 비구니스님들은 실력이나 여건 등 모든 방면에서 전 세계 불교 여성 수행자들을 이끌어 가기에 부족함이 없습니다. '부처님이 장부(丈夫)이면 나도 장부'라는 당당한 마음, 자긍심을 갖고 수행과 포교를 이끌어 가는 비구니스님이 되길 바라지요.

스님이 추진한 불사의 원동력이라고 할까요. 스님께서 불사를 대하는 마음은 무엇이었는가를 들려주세요.
● 저는 한 일이 아무것도 없어요. 눈썹 역할을 한 것밖에 없어요. 다 삼직스님들, 사부대중이 한 것이고, 부처님 가피로 이루어진 것입니다. 세상에 여러 가지 힘이 있지요. 그중 세상에서 제일 큰 힘이 원력(願力)입니다. 간절한 마음으로 원을 세우면 뜻하는 대로 다 이룰 수가 있기 때문입니다. 보통 사람들은 크든 작든 대부분은 욕심으로 세상을 살아가지만, 불보살님들은 서원으로 살아갑니다. 아미타불 48대원, 약사여래 12대원, 여래 십대발원, 사홍서원이 있지 않습니까?

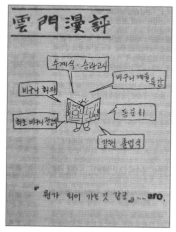

『운문』에 투고된 운문만평.
운문사의 발전이 묘사되어 있다.

원을 세우는 것이 씨앗을 심는 것과 같습니다. 씨앗을 심으면 싹이 트듯이, 원을 세우면 그대로 성취할 수 있습니다. 또한, 종이 있다해도 종을 치지 않으면 소리가 나지 않듯이, 원을 세우는 것은 종을 치는 것과 같아요. 그와 같이 원을 철저하게 세우면 반드시 성취할 수 있습니다. 그리고 자신이 발원한 방향으로 갈 수 있도록 끊임없이 간절한 기도를 해야 합니다. 그러면 언제인가는 성취될 수 있어요. 저는 날마다 하루도 빠짐없이 문수기도와 관음기도를 하고 있습니다. 제가 한 운문사의 가람 불사는 이런 방향에서 나온 것입니다.

일반 불자들에게 하고 싶은 말씀은 무엇인가요.

● 스님들도 수행을 하면서 좋은 스님 노릇을 해야 하지만, 출가하지 않은 일반 불자님들은 세속에 살면서도 처염상정(處染常淨)의 뜻과 같이 살아야 합니다. 진흙탕 속에서 피어나지만 결코 더러운 흙탕물이 묻지

않는 연꽃과 같이 불자다운 생활을 해야 합니다. 아버님은 아버님답게, 어머님은 어머님답게, 자식은 자식답게 살면서 부처님 말씀과 뜻을 실천하는 제자가 되어야 합니다. 물물각득기소(物物各得其所)라는 말이 있어요. 모든 사물은 각각 제 자리에 있어야 한다는 뜻입니다. 우리 모두가 각자의 본분에 충실한 삶을 살면 됩니다. 신(身) 출가는 못하였어도 진실되게 심(心) 출가를 하면 됩니다.

스님께서 보람을 느끼신 것은 무엇인가요.

● 지금껏 운문사에서 출가자로 50년 이상을 살면서 가장 보람 있는 일은 2천여 명이 넘는 제자들이 한국불교를 위해 여러 곳에서 여러 불사를 이어가면서 활동하고 있다는 것입니다. 그보다 더 큰 보람은 그 제자들이 이제는 저보다 훨씬 훌륭하다는 것입니다. 이것이 교육의 보람이고, 스승으로서의 보람이지요.

종교인들이 지켜야 할 자세에 대해 보편적인 관점에서 말씀해 주시지요.

● 그럴까요. 지금 생각나는 일이 하나 있어요. 1990년대 중반인지 그 시점은 기억이 안 나지만 왜관에 있는 가톨릭의 수사님과 신부님들이 여기 운문사에 왔었습니다. 그때 갑자기 즉흥적으로 법문을 요청하여 제가 운문사 만세루에서 특강을 했습니다. 그 내용을 정리한 것이 『즉사이진』에 실려 있는데, 그 책 내용을 참조하면 좋을 것 같네요.

네 알겠습니다. 스님의 그 말씀은 모든 종교인들이 경청할 수 있는 귀한 내용이라 보입니다. '청빈, 순명, 정결'이라는 주제의 내용을 여기에 그 전문을 실어 보겠습니다.

명성 스님 수행록

● 불교에서 본 청빈(淸貧), 순명(順命), 정결(貞潔)

저 높은 호거산과 함께 여러 수사님들의 방문을 환영합니다. 수사님들이 이 사찰에 처음 들어서실 때 첫인상이 이태리 프란치스코 성인의 모습을 보는 듯한 느낌이 들었습니다. 성인께서 새끼띠를 허리에 매고 소박하고 겸손하게 사시던 모습이 떠올랐기 때문입니다.

운문사에 오기 전 서울에 있을 때 7대 종교인이 한 자리에 모여서 장벽을 털어놓고 서로가 대화를 나눈 적이 있습니다. 성북동 성 프란치스코 수도원과 춘천의 성심여대 혹은 중요한 사찰에서 가끔 모임이 있었습니다. 신부님, 스님, 그리고 수녀님들이 한 자리에 모여 화기애애한 분위기 속에서 모임을 가졌을 때 모두 같은 길을 걷는 성직자로서, 불교의 용어로 말한다면 도반과 같은 친밀감을 느꼈습니다.

그런데 마침 오늘 '불교에서 본 청빈, 순명, 정결'이라는 주제로 여러 수사님들과 함께 이야기하게 되었습니다. 이것은 수사님들의 생활신조라고 알고 있습니다. 제가 감히 여러 수사님들 앞에서 말씀드린다는 것이 마치 하느님 앞에서 설교하는 것 같아서 송구스럽습니다.

서로가 같은 신앙의 길을 가는 수행자로서 여러분들이 불교를 어떤 측면에서 보시고 또 우리 불교에서는 가톨릭을 어떻게 보느냐 하는 비교종교관이 서야 되겠기에 제가 감히 이 단상에 섰습니다.

이런 말이 있지요. "유약방병(留藥防病)이요, 불위건인(不爲健人)이며, 입법방간(立法防奸)이요, 불위현사(不爲賢士)라. 약을 마련하는 것은 병자를 치료하기 위한 것이지 건강한 사람을 위한 것이 아니며, 또 법을 세우는 것은 간사함을 막기 위한 것이지 어진 사람을 위한 것이 아니다." 일체 중생들이 어리석기 때문에 올바른 길로 인도하기 위한 법문이 필요하고, 인류가 죄악을 범했기 때문에 하느님께서 이 세상에

구세주로 오신 것이 아니겠습니까.

청빈에 대하여

그러면 주어진 과제 중 먼저 청빈에 대하여 말씀드리겠습니다. 저는 이번 기회를 통해서 청빈, 정결, 순명이 천주교의 3대 요강인 줄 알게 되었음을 감사드립니다. 어느 종교를 막론하고 청빈한 생활을 하는 것은 공통점인 것 같습니다. 불교에서 비구(比丘)라는 말은 번역하면 걸사(乞士), 즉 얻어먹는 선비라는 뜻입니다. 여러분은 수사(修士), 즉 수행하는 선비라고 한다면, 스님들은 얻어먹는 선비라고 할 수 있습니다. 밖으로는 밥을 빌어서 육신을 보존하고, 안으로는 법을 빌어서 지혜의 목숨을 돕는다는 뜻으로 스님을 걸사라 칭하고 있습니다.

『능엄경』에 보면, 바사익왕이 부왕의 제삿날 여러 가지 진수성찬을 차려놓고 부처님을 비롯한 여러 제자들을 공양에 초청한 일이 있었는데 마침 아난 존자는 공교롭게도 특별한 청을 받아서 돌아오는 길에 홀로 걸식을 하게 되었습니다.

그때 아난 존자가 생각하기를 '나는 빈부귀천을 가리지 않고 평등한 걸식을 하리라.' 왜냐하면 부처님께서 수보리 존자는 부잣집만 찾아다니고(부자는 과거 전생으로부터 많은 복을 지었기 때문에 현세에 부유한 과보를 받게 되었으니 보시 받기가 쉬우므로 부잣집만 찾아다녔음), 가섭 존자는 가난한 집만 찾아다니므로(가난한 자는 과거에 복덕을 심지 않았으므로 금생에 가난한 과보를 받게 되었으니, 금생에 복덕의 씨앗을 심어 주어야겠다는 마음으로 가난한 집만 찾아다녔음) 부처님께서 그러한 불평등한 걸식을 해서는 안 된다고 꾸중하시는 것을 알았기 때문입니다.

그래서 아난 존자는 빈부귀천을 가리지 않고 걸식하는데 마침 황

발외도의 집에 들어갔을 때 그 집에는 마등가라는 어여쁜 딸이 있었습니다. 아난 존자는 빼어난 미남인지라 마등가는 첫눈에 마음이 동요됐습니다. 아난 존자가 다녀간 뒤 마등가는 어머니에게 아난 존자를 다시 한 번 만나게 해달라고 애원했습니다.

마등가의 어머니는 주술사였습니다. 딸의 청에 못이겨 마등가의 어머니가 사비가라범천주문을 외웠더니 아난 존자는 자기도 모르게 스스로 발길을 돌려 마등가의 집으로 돌아오게 되었습니다. 아마 그 주문은 사람의 마음을 끌게 하는 주문이었던 모양이지요. 아난 존자가 마등가와 파계 직전에 이르렀을 때 부처님께서 혜안으로 관찰하시고 문수보살로 하여금 둘을 함께 데려오게 하여 중생이 생기게 된 동기 등에 관하여 이야기 한 것이 결국은 『능엄경』의 내용이기도 합니다.

농사 짓는 농부들도 주리고 추운 고통이 있고, 베를 짜는 직녀들도 몸을 가릴 옷이 없어 헐벗고 떨고 있습니다. 우리는 농부나 직녀들보다는 훨씬 윤택한 생활을 한다고 해도 과언이 아닙니다. 우리 성직자들은 덕행을 쌓기 위해서 일시적 청빈의 어려움을 감수해야 할 것입니다.

얼마 전에 불란서의 수도원에서 신부님들과 함께 생활을 하면서 유학을 하고 돌아온 스님들이 가지고 온 슬라이드를 통해서 신부님들의 검박한 생활과 부지런함을 보고 경탄을 하였으며 같은 수행자의 입장에서 경의를 표합니다.

야운 스님 말씀에 "금생에 마음을 밝히지 못하면 방울물도 녹이기 어렵나니라. 나무 뿌리와 나무 열매로 배고픔을 위로하고, 송락과 초의(草衣)로 색신을 가릴지어다. 저 날아다니는 학과 푸른 구름으로 반려를 삼고 높은 산과 깊은 골짜기에서 남은 해를 지낼지어다."라고 했습니다.

맛있는 음식을 먹이고 아껴 기를지라도 이 몸은 언젠가는 망가질 때가 있고, 부드러운 옷을 입혀 보호한다 하더라도 목숨은 반드시 마칠 날이 있는 것입니다. 여기 앉아계신 여러 수사님들이나 스님들이나 50년이 지난 후면 몇 분을 제외하고는 모두 이 세상을 뜨실 것입니다.

사향하처거(死向何處去), 죽어서 가는 곳이 과연 어디겠습니까? 우리는 올 때도 한 물건도 없이 빈손으로 왔고 갈 때도 역시 빈손으로 가게 됩니다. 성 프란치스코 성인께서는 한 오라기도 걸치지 않은 채 나체로 돌아가셨다고 하는데 이야말로 갈 때에 빈손으로 가는 것이 아니고 무엇이겠습니까? 우리 승려들보다도 오히려 수사님들이 더 청빈을 지키고 질서 있게 살아가지 않나 하고 반성을 하게 됩니다. 슬라이드를 통해 본 신부님들의 침대가 너무나 검소했고, 성 프란치스코 역시 동굴에서 얼마나 검박한 생활을 하였습니까? 거부장자 오나시스나 이병철 씨 같은 갑부도 재산을 두 어깨에 메고 가지는 못했을 것입니다. 만 가지를 가지고 가지 않되 오직 우리가 평생토록 지어온 행위[業]만은 그림자처럼 우리의 뒤를 따를 것입니다.

"삼일수심천재보(三日修心千載寶)요, 백년탐물일조진(百年貪物一朝塵)이라. 사흘 동안 닦은 마음은 천 년의 보배요, 백 년 동안 탐한 물건은 하루아침의 티끌입니다." 성 아우구스티노께서도 청빈을 수도생활의 신조라고 했지요. 우리 스님들은 삼의일발(三衣一鉢)이 수도생활의 전 재산입니다. 삼의란 작은 가사, 중간 가사, 큰 가사를 말하고, 일발은 스님들이 음식을 받아먹는 밥그릇을 말합니다. 부처님께서 공부를 하실 때도 초저녁에는 한 벌만 입었는데 한밤중이 되어 조금 추워지자 다시 두 벌을 껴입고, 또 새벽녘이 되니까 더욱 추워지므로 다시 한 벌을 껴입다 보니 삼의가 된 것입니다.

그리고 네 개로 된 발우 한 벌로 족함을 삼지요. 동남아 일대 불교국에서는 절에서 밥을 짓지 않고 날만 새면 걸식하러 나갑니다. 그리하여 탁발해 온 밥을 아침, 점심으로 나누어서 먹고 오후에는 일체 먹지 않습니다. 걸식은 양식을 저장하는 탐심을 제거하기 위한 것이니 이보다 더한 청빈이 어디 있겠습니까? 저도 태국에서 걸식을 해 보았는데 이른 아침 신도들이 귀여운 자녀들로 하여금 꽃과 향을 스님들께 올린 후 밥을 발우에다 담아주는 것을 공양 받은 일이 있습니다.

부처님께서는 만승천자 정반왕의 태자로 태어나 부귀영화를 다 버리고 출가하여 보리수나무 아래서 6년 동안 머리 위에 까치집 짓는 것도 모르고 수행에 몰두했습니다. 그래서 서양의 어느 불교학자는 석가모니 부처님의 출가를 '위대한 방기(放棄)'라고 했습니다. 그래서 우리가 가정으로부터 부모 형제와 모든 세속적인 관심사를 일체 버리고, 아무 것도 소유하지 않고 무슨 일에도 집착하지 않는 생활에 들어가는 것을 출가라 합니다. 어느 종교를 막론하고 사치와 안일에 치우치게 되면 그 종교는 지탄을 받게 되고 멸망을 초래하기 마련입니다. 출가에는 심출가(心出家)와 신출가(身出家)가 있는데 일단 외형상으로 몸은 출가했지만 과연 심출가를 했는가, 또 마음의 출가는 했지만 나고 죽는 생사대사(生死大事)를 해탈했는가가 중요합니다.

우리는 세 벌의 승복과 한 벌의 발우 외에는 아무 것도 소유하지 않고 떠도는 구름과 흐르는 물처럼 주착함이 없는 생활을 하는 것, 이를 청빈이라 합니다. 공자의 제자 안회는 안빈낙도(安貧樂道), 즉 가난하면서도 마음이 편안하여 도를 즐겼다고 합니다. 당나라 때 혜휴 법사는 짚신 한 켤레를 30년 동안 신었다고 합니다. 부드러운 땅에서는 짚신이 닳을까봐 신을 벗어들고 맨발로 걷는 것을 본 신도들이 왜 그렇게까지 궁색하게 사십니까? 하고 물으니 "신시난소(信施難消), 신도들이 갖다 주는 시물을 녹이기 어렵기 때문이라."고 대답했습니다.

그리고 비구니 법희 스님은 충청도 보덕사에서 납자들을 지도하며 수행하실 때 밭이나 마당에 돌아다니는 낡은 새끼토막이 한뼘 정도만 돼도 그것을 풀어서 다시 새끼를 꼬아 짚방석을 만들어서 채소를 다듬을 때 깔고 앉도록 했다고 합니다. 이 얼마나 알뜰하고 청빈한 삶입니까? 입으로는 청빈을 부르짖지만 실질적으로 청빈한 생활을 하고 있는가를 반성해 볼 때 양심의 가책을 느끼게 됩니다.

고통이 무엇으로 인하여 일어나는가를 추구해 볼 때에 이것은 다만 탐애의 정이 근원이라 할 수 있습니다. 그러므로 저 히말라야 산을 황금으로 만들어 또 이것을 두 배를 준다 하더라도 한 사람의 탐욕을 만족시킬 수는 없다고 부처님께서 말씀하신 바 있습니다.

순명에 대하여

다음은 순명에 대한 말씀을 드리겠습니다. 『화엄경』「보현행원품」에 보면 보현보살이 열 가지 서원을 세워 중생을 제도하는 구절이 나옵니다. 그중 항순중생(恒順衆生)이라는 원이 있는데 항상 중생을 수순한다는 말입니다. "만약 능히 중생을 수순하면 곧 부처님을 수순 공양하는 것이 되며, 만약 중생을 존중하면 여래를 존중하는 것이 되며, 만약 중생을 기쁘게 하면 곧 여래를 기쁘게 하는 것이라."고 했습니다. 왜냐하면 모든 부처님은 대비심으로써 바탕을 삼으므로 중생을 인해서 대비를 일으키며, 대비를 인해서 보리심(깨치려는 마음)을 내며, 보리심을 인해서 부처님을 이루기 때문입니다. 그러므로 중생이 없으면 대비가 필요 없는 것입니다.

"이와 같이 중생을 수순해서 중생계가 다하고 중생의 업이 다하고 중생의 번뇌가 다할지라도 나의 이 수순은 다함이 없어서 중생을 제도하는 데 싫증을 내지 않는다."고 했습니다. 그런데 언제 중생의 번뇌가 끝날 날이 있겠습니까? 『유마경』에 "일체 중생이 앓으므로 나도 앓나니, 그러므로 일체 중생이 앓지 않는다면 내 병도 나으리라. 보살은 중생을 위하므로 생사에 들었고, 생사가 있음에 병도 있거니와 중생이 앓지 않으면 보살 또한 병이 없으리라."고 했습니다.

그래서 불교에서는 중생의 고통을 없애주고 낙을 주는 것을 자비로 표현하고 있고, 가톨릭에서는 이것을 사랑으로 표현하고 있습니다. 편벽되지 않는 박애정신, 일체 모두를 사랑할 수 있는 친소가 끊어진 대자비심, 이것은 부처님이나 예수님만이 가지신 사랑이겠지요. 저는 불교인이지만 성현의 한 분인 예수님을 존경하고 있습니다. 성당에서 마리아상을 우러러 보았을 때 자비하신 관세음보살을 연상하게 되고 그 앞에 합장을 하게 됩니다.

부처님이 돌아가실 때 아난 존자가 "세존이시여, 부처님께서 생존하고 계실 때는 부처님을 스승으로 모셨지만 부처님이 돌아가신 후에는 누구를 스승으로 삼으리이까?" 하고 여쭈었을 때 부처님께서는 "계로써 스승을 삼으라."고 하셨습니다. 계행이란 한 마디로 지악작선(止惡作善), 모든 악한 것을 끊고 착한 일을 행하는 것이 계의 근본사상이라 할 수 있습니다. 여기에 기독교의 10계나 비구 250계, 비구니 348계 등이 모두 함축되어 있다고 볼 수 있습니다.

그러므로 계로써 스승을 삼아 살아간다면 그것이 바로 부처님의 뜻을 순하는 것이요, 바로 하느님의 명을 순종하는 것이라 생각합니다. 그래서 우리가 계를 지켜나갈 때 가시방석에 앉은 것과 같은 삼엄

한 마음으로 할 것이 아니라 솜방석에 앉은 것과 같이 부드럽고 자연스러운 마음으로 지켜나가야 할 것입니다.

성경에도 이런 말이 있지요. "법률에 속한 노예처럼 하지 말고 은총을 받은 자유인처럼 하라." 우리는 하느님의 뜻에 어긋나지 않는 생활을 할 때 그것이야말로 순명이라 할 수 있겠습니다. 우리가 하느님, 하느님 하고 멀리 하느님을 찾는 것이 결코 하느님의 뜻은 아닐 것입니다. 성경에도 하느님께 제물을 바치려 할 때 먼저 너의 형제와 화해한 뒤에 제물을 올리라고 하지 않았습니까? 그러므로 하느님의 뜻을 올바로 이행하는 것이 바로 하느님의 명을 순하는 것이라 생각합니다.

정결에 대하여

다음은 정결에 관한 말씀을 드리겠습니다. 『원각경』에 문수보살 등 열두 보살이 부처님께 질문을 하며 서로 대화식으로 법담을 나누는 장면이 있습니다. 그중 미륵보살이 "세존이시여, 중생들이 어떻게 윤회하는 근본을 끊을 수 있겠습니까?" 하고 질문을 했을 때 부처님께서 "선남자야, 일체 중생들이 가지가지 탐욕을 말미암아 윤회를 하게 되나니, 만약 중생이 생사를 해탈하여 윤회를 면하고자 할진댄 먼저 탐욕과 애욕을 끊으라."고 하셨습니다.

가섭 존자가 아직 부처님의 제자가 되기 전 굉장한 부잣집 학자의 아들로 태어났습니다. 그런데 장성하여 부모님이 결혼을 하라 하였지만 한사코 결혼을 하지 않겠다고 반대하므로 그의 아버지는 드디어 화병이 나기에 이르렀습니다. 그분의 문하에는 수많은 수학제자들이 있었습니다. 가섭은 화가로 하여금 절세미인을 그리게 하여 그와 같은 미인이라면 결혼을 하겠다고 억지를 썼습니다. 그리하여 스승의 병환을 걱정한 제자들이 중론을 모아서 절세미인을 물색하기 위하여 극단을 꾸며서 방방곡곡으로 다니며 공연하던 중 어느 시골에서 그림과 같은 미인 묘현녀를 발견하였습니다.

　부모나 제자들의 권유에 못 이겨 결혼할 것을 허용하였으나 서로 옷깃 하나 스치지 않기로 굳게 약속을 하고 결혼했습니다. 동거생활을 하기는 하나 각각 동서로 다른 방을 쓰고 있는데 어느 여름날 가섭이 대청마루에서 오수를 즐기고 있을 때 난데없이 뱀이 슬슬 기어 마루로 올라와 잠을 자고 있는 가섭의 가슴으로 기어 올라갔습니다. 때마침 묘현녀가 그를 발견했지만 옷깃을 스치지 않기로 약속을 한 터라 고심은 했으나 자기 남편의 생명이 위태로움을 방관할 수 없어 부채로 뱀을 떨치자 깜짝 놀라 눈을 뜬 가섭이

假使我身遭毒蛇언정 愼勿毁誓來相觸이어다
毒蛇但令我身死어니와 染毒淪沒無邊際로다

가령 내 몸이 독사에게 물림을 당할지언정
삼가히 맹세를 어기면서 서로 와서 닿지 말지어다.
독사는 다만 나로 하여금 죽게 할 뿐이거니와
염욕심은 끊임없는 생사윤회를 되풀이하게 된다.

이렇게 하여 가섭과 묘현녀는 동거를 하면서도 정결을 지켰던 것입니다. 그 후에 가섭은 부처님의 제자가 되고 묘현녀는 출가하여 비구니가 됐다는 이야기입니다. 이와 같이 가섭은 출가하기 전부터 계행의 관념이 철저했습니다. 정욕은 하느님의 혐오를 일으킨다고 하였고, 성

명성 스님의 동국대 박사학위 기념 촬영(1998. 2.). 중앙은 이영자 교수,
우측은 암도 스님(원로의원).

통도사가 주최한 『화엄경』 백고좌 법회의 회향식에 참가한 운문사 학인스님들.

　　　　　　　　　명성 스님 수행록

경에도 "음란한 마음으로 여인을 보면 그 여인을 간음한 것이라."고 했습니다.

그래서 그리스도께서도 동정녀의 몸에서 태어나지 않았나 하는 생각을 하게 됩니다. 수많은 계목 가운데 음욕을 경계한 말이 빈번한 것은 아마 그것이 사람의 본능이기 때문에 부처님께서도 그렇듯 간곡하게 역설하신 것 같습니다. 부처님께서 "재물과 여인을 보거든 호랑이 본 것과 같이 하고, 몸이 금은에 다다르거든 목석을 본 것과 같이 하라."고 언급하셨습니다.

참다운 성직자의 길

하루는 부처님께서 아난 존자에게 "너는 어찌하여 출가를 하였는가?" 하고 물었더니 "부처님의 단엄한 존안을 눈으로 뵈옵고 마음으로 존경하여 발심 출가했습니다." "네가 눈으로 보고 마음으로 존경심을 내어 출가했다 하니 그 심목心目이 있는 곳이 어디인가? 마음이 몸 안에 있는가?(1. 在內), 몸 밖에 있는가?(2. 在外), 눈동자에 잠겨 있는가?(3. 潛根), 어두운 곳에 있는가?(4. 藏暗), 주관과 객관이 따라 합하는 곳에 있는가?(5. 隨合), 육근六根과 육경六境의 중간에 있는가?(6. 中間), 아니면 집착함이 없는 것이 마음인가(7. 無着)?" 이와 같이 마음의 소재를 7처로 묻고 답하였지만 아난 존자는 결국 확답을 하지 못하였습니다.

앞에서 말한 육근은 안·이·비·설·신·의(眼耳鼻舌身意)라는 여섯 개의 주관인 인식기관이요, 육경은 색·성·향·미·촉·법(色聲香味觸法)이라는 여섯 개의 객관인 인식대상으로서 눈으로 색을 볼 때는 안식(眼識)이 생기고, 귀로 소리를 들을 때는 이식(耳識)이, 코로 향내를 맡을 때는 비식(鼻識)이, 혀로 맛을 볼 때는 설식(舌識)이, 몸으로 촉감을 느낄 때는 신식(身識)이, 뜻으로 법을 인식할 때는 의식(意識)이 각각 생기게 됩니다.

눈으로 색을 볼 때에 쾌감으로 받아들이는 것을 낙수(樂受)라 하고, 불쾌한 감정으로 받아들이는 것을 고수(苦受)라고 하고, 전자도 후자도 아닌 담담한 마음으로 받아들이는 것을 사수(捨受)라 합니다. 눈으로 받아들일 때만이 아니라 이·비·설·신·의로 받아들일 때도 역시 고수, 낙수, 사수가 따르기 마련입니다. 주관인 안·이·비·설·신·의는 감각작용이 있고, 객관인 색·성·향·미·촉·법은 무감각한 것으로서 분별이 있는 주관과 분별이 없는 객관이 합쳐진 중간에 마음이 있다고 하였지만 부처님께서는 이 역시 맞지 않는 대답이라고 부정하였습니다.

"마음이 안에도 있지 아니하고, 밖에도 있지 아니하며, 중간에도 있지 아니할진댄 일체에 착함이 없는 것, 즉 무착을 마음이라 하리까?" 했을 때 역시 그도 옳지 않다고 하셨습니다. 이와 같이 아난 존자는 여러 가지[七處]로, 마음의 당처를 말하였지만 한 가지도 적중한 대답을 못하였습니다.

여러분! 마음이 있는 곳이 어디일까요? 눈동자 속에 있나요? 아니면 가슴 속에 있나요? 볼 줄 알고, 들을 줄 알고, 느낄 줄 아는 인식의 주인공이 무엇이며 어느 곳에 있을까요? 기독교에서는 전지전능하신 하느님께서 온 우주를 창조하였다고 하는 데 반하여 불교에서는 마음을 바탕으로 하여 온 우주만물이 만들어졌다고 합니다. 화엄경에 "마음은 그림쟁이와 같아서 가지가지 오음(五陰)을 만들어내나니 일체 모든 법이 마음으로부터 만들어지지 않음이 없다."고 했습니다. 그래서 부처님께서 성도하신 후 45년 동안 '마음 심(心)'자 하나를 가지고 가지가지 언사와 여러 가지 비유를 들어서 고구정녕하게 설파하신 것이 바로 팔만대장경입니다.

그러면 그 마음이란 어떤 것인가? 마음을 있다고 하나 공후성(퉁소)과 같아서 구하면 가히 볼 수 없고, 그렇다고 하여 없다고 할 것인가. 공후성과 같아서 불면 소리가 울려 나오나니 있다고도 없다고도 단정 지을 수 없는 오묘한 도리를 『법화경』에서는 묘법이라고 표현하고 있습니다. 우리 구도자들에게 있어서 가장 큰 과제는 생사대사를 해결하는 문제입니다.

어느 불란서의 신부님이 우리 스님들을 산중이라 하고, 신부님들을 들중이라고 하였듯이 우리는 다 같은 진리의 탐구자로서 등반하는 길은 각각 다를지라도 정상에 올라가서는 똑같은 하나의 달을 보게 될 것입니다. 진리는 하나이며 일미평등(一味平等)합니다. 하느님이 말씀하신 진리와 부처님이 말씀하신 진리가 각각 달라서 이치가 둘이 있다면 그러한 이율배반과 모순이 어디 있겠습니까? 다만 가르치는 언사와 방법이 다를 뿐이지 진리는 동일합니다.

우리는 다 같이 진리를 향한 동반자일진댄 얼마만큼 부처님이나 하느님의 뜻을 순종하며 청빈과 정결을 지키면서 살아가느냐가 중요합니다. 그러기에 독일의 시인 괴테는 "종교의 생명은 말하느니보다 걸어가는 데 있다."고 했으며 보현보살도 여설수행공양(如說修行供養), 즉 말과 같이 수행하는 공양이 최대의 공양이라 했습니다.

왜냐하면 실행이 따르지 않는 이론은 꽃은 피어도 열매를 맺지 않는 나무와 같기 때문입니다. 수사님이나 우리 스님들은 먼저 자기 자신을 속이지 않는 수행관을 확립해야 할 것입니다. 그리고 나아가서는 중생에게 이익을 줄 수 있는 참다운 성직자가 될 것을 다짐하면서 저의 두서없는 말을 마치겠습니다.

2
부

인연으로

본

나의 삶

관응

선교일여가 되신
큰스님

월정사 · 동화사 강원 강사
직지사 강원 강주
용주사 주지, 직지사 조실

명성 스님 수행록

명성 스님은 비구니계의 어른이시지만, 관응 큰스님의 속가 인연 (따님) 을 갖고 계십니다. 명성 스님의 생애와 사상을 연구하려면 유년 시절의 관응 스님에 대한 추억을 알아야 합니다. 그 전후 인연을 들려주세요.

● 제 어린 시절에는 관응 스님(부친)에 대한 것은 기억이 안 나요. 집안의 어른들은 관응 스님이 집을 떠나서 어디로 가셨는가에 대해서 궁금했겠지만, 저는 같이 살지 않았으니 잘 몰랐지요. 그런데 어느 날 오셨는데 제가 천자문을 쓰는 모습을 보고, 저를 신통하고 재주가 있는 것으로 보시고, 그렇게 대하는 모습은 느꼈습니다. 제가 듣기로는 스님은 열다섯 살에 결혼을 했다고 그래요. 집안사람들이 스님이 결혼을 하고 집을 나와서 어디로 갔나 하고 찾다가 법주사에서 찾았대요. 법주사는 고향인 상주와 가까운데, 동네 사람이 법주사에 갔다가 관응 스님이 글 읽는 모습을 목격했다고 합니다. 그 소식을 듣고 집안의 형님이 가서 집으로 데려왔다고 그러지요.

관응 스님은 예천 연방사에 계시던 최취허 스님과 인연이 많습니다. 관응 스님과 명성 스님도 연방사에 계셨습니다. 혹시 이에 대한 것을 알고 계십니까?

● 관응 스님이 연방사에 계실 때는 일본 용곡대에 다니던 시절입니다. 관응 스님은 연방사 포교당의 법사로 계시면서 그 지역에서 포교를 하셨어요. 제가 알기로는 연방(蓮邦)은 최취허(崔就墟) 스님의 호입니다. 제가 어릴 적에 그 노장스님이 달력의 이면에다가 매일 한문으로 일기를 쓰는 것을 봤어요. 그 스님은 시서화(詩書畵)에 능했어요. 그 스님이 그린 그림을 제가 보관하고 있어요. 이것은 관응 스님이 보관하시던 것이지요. 그러나 관응 스님은 그 스님에게로 출가하지는 않고 직지사의 탄옹 스님을 은사로 모셨지요. 그래서 녹원 스님과는 사형사제지간이지요.

관응 스님은 일본 유학을 마치고 나서, 오대산의 월정사 강원에서 강사로 계셨습니다. 명성 스님도 월정사 입구에서 생활을 하셨는데, 어떤 인연으로 그렇게 되었는지가 궁금합니다.

● 그 시절의 월정사 주지는 이종욱 스님이었습니다. 그래서 저는 이종욱 스님이 초빙을 했다고 짐작으로 그리 생각을 하지요. 그러나 이에 대한 것은 잘 모르고, 관응 스님에게서도 들은 적이 없습니다. 이종욱 스님의 아들이 동국대 이재창 교수님이지요. 제가 동국대를 다닐 적에 처음의 지도교수가 김동화 박사님이었어요. 그런데 김동화 박사님이 돌아가시자, 홍정식 교수가 지도교수가 되었습니다. 그런데 홍정식 교수님도 돌아가시자 이재창 교수님이 나의 지도교수가 되었죠.

동국대 원의범 교수님은 스님과도 인연이 있었죠. 원의범 교수님은 일제 강점기 말기에 월정사 강원의 강사를 하셨지요.

● 그래요. 관응 스님은 내전 강사이셨고, 원의범 교수는 외전 강사였다고 알고 있어요. 그러나 저는 어린 시절에 원의범 교수를 본 기억은 없어요. 그리고 제가 듣기로는 서정주 시인은 동국대 전신인 중앙불전 출신인데, 관응 스님과 같이 학교를 다녔다고 그래요. 우리가 여기 운문사 강원의 교가(원가)를 지어 달라고, 부탁을 하러 제가 서정주 시인을 만나러 갔거든요. 그랬더니 노스님(관응)의 이야기를 하더라구요.

스님은 평창중학교 시절, 관응 스님이 주신 세계 위인전을 보고 감동을 받았다는 말을 들었습니다.
● 그것은 사실입니다. 노스님이 주신 세계 위인전 열권을 읽고, 저도 저런 성인이 되고 싶다고 하였지요. 어릴 때 다 읽었어요.

혹시, 관응 스님에게서 방한암 스님에 대한 말을 못 들으셨나요. 한암 스님은 오대산 상원사에 계셨으며, 그 당시 종정이었거든요.
● 노스님에게서 특별하게 들은 것은 없습니다. 그러나 제가 강릉에서 여학교를 다닐 적에 상원사를 갔습니다. 거기를 갔더니 스님들이 깜깜한 밤중, 새벽에 일어나서 야단을 하더라구요. 그래서 저는 '왜 저 사람들은 일찍 일어나서 저러나' 그랬지요. 그때는 절 사정을 잘 모를 때였습니다. 그리고 그때 한암 스님이 떠나는 저에게, 일개 여학생을 전송하시면서 '관세음보살을 자주 불러라' 그래요. 그렇게 말씀을 하시는데 얼굴에 자비가 뚝뚝 흘러내리는 모습을 봤어요. 그렇게 인자하셨어요.

관응 스님은 8·15해방이 되자, 강릉포교당의 포교사 겸 금천유치원 원장으로 발령을 받았습니다. 스님께서 지켜본 그 시절의 이야기를 들려주시지요.

고승들과 함께 한 관응 스님. 석주, 탄허, 자운, 구산, 운허 스님 등이다.

● 해방이 되자, 노스님은 강릉으로 가서서 포교 분야에서 큰 활동을 하셨습니다. 저도 강릉으로 가서 학교를 다녔지요. 그때 관응 스님은 강릉의 여학교뿐만 아니라 상고, 농고 등의 학교를 다 다니시면서 포교를 하셨습니다. 그러시면서 여학교 교장인 원홍균 선생님과 친근하게 지내셨습니다. 그때, 원홍균 교장 선생님이 관응 스님이 딴 데에 간다고 하면은 강릉의 큰 손실이라고 그런 말을 했어요. 그 정도로 추앙을 받았던 모양입니다.

그리고 노스님이 원장을 하신, 금천유치원은 한국불교에서는 제일 먼저 생긴 유치원입니다. 그때 보니 유치원생들이 노스님에게 '원장님 안녕하세요'라고 인사하는 것을 보았습니다. 그리고 강릉포교당에는 불교청년회가 있었습니다. 그 시절에는 그런 것이 있을 시대가 아닌데, 강릉 거기에는 그런 것이 있었어요. 그 청년회에 속한 학생들이 많이 왔다갔다 했어요. 이런 면에서 보면 관응 스님은 포교의 선구자이십니다. 그리고 조계종의 제1회 포교대상의 수상자이지요.

원홍균 선생님은 제가 여학교에 다닐 때 교장 선생님이었지요. 그 후에 서울의 세종대학의 총장도 했어요. 그리고 말년에는 여기 운문사에도 다녀갔습니다. 따님을 데리고 오셨는데, 당신이 쓴 반야심경을 기증해주셨죠. 제가 여기에 있다는 것을 알고 오신 것입니다.

스님은 관응 스님에게서 받은 『생명의 실상』을 받아서 읽으시고, 그것으로부터 삶의 큰 영향을 받은 것으로 알고 있습니다.

● 그렇지요. 저는 여학교 졸업 때 노스님에게서 『생명의 실상』(21권)을 받았습니다. 그 후에는 그 책의 축소판인 『진리』(10권)도 받았습니다. 그때 노스님께서는 그 책을 주시면서, 이것을 읽으면은 인생에 큰 도

움이 될 것이라고 하셨습니다. 그리고 제가 출가한 이후에도 그 책을 읽으면은 포교하는 데에도 도움이 될 것이라고 강조하셨습니다. 저는 지금도 그 책을 읽습니다. 그 책을 읽으면 책의 맨 뒤에다가 다 읽은 날짜를 쓰고, 독료(讀了)라고 기재를 하지요.

저는 그 책을 읽고서 정말로 포교에 큰 도움이 되었어요. 그 책을 지은 저자인 다니구치 마사하루(谷口雅春)는 모든 종교에 유식하고, 박학다식한 사람입니다. 그 책은 모든 종교의 바탕에서 쓴 책인데, 그 책의 글은 저의 정신적, 마음의 양식이 되었지요. 노스님에게서 받은 그 책은 여기 운문사, 제 개인의 서재에 보관하고 있고, 지금도 그 책을 읽습니다. 하여간에 많은 영향을 받았어요. 참! 그리고 고광덕 스님도 그 책을 읽었다는 소리를 들었습니다.

관응 스님은 6 · 25 전쟁 때, 상주에서 교사 생활을 하셨지요. 그때 스님도 상주에서 교사를 하셨습니다. 그 전후 사정을 들려주세요.

● 그것은 전쟁 때 피난을 가서, 궁여지책으로 잠깐 상주 농잠학교의 역사 선생을 하신 거지요. 그때 인연 사찰인 남장사에도 왔다갔다 하시기도 하였구요. 그 시절, 아까 말한 『진리』 책을 저에게 주신 것 같습니다.

그 무렵, 관응 스님은 스님에게 출가를 권유하셨지요.

● 그래요. 그때 저도 상주에서 초등학교 선생을 하고 있는데 어느 날 저를 부르시더니 출가를 하는 것이 어떻겠냐고 했어요. 그래서 저는 생각해보겠다고 말씀을 드렸지요. 그러나 제 모친에게는 그런 제 생각을 말을 하지 않았어요.

그리고 나서 노스님은 성철 스님이 계셨던 해인사 백련암으로 가셨습니다. 그래서 저는 2개월 후인가, 저 혼자 버스를 타고 해인사의 백련암으로 노스님을 찾아갔습니다. 거기에 가서 인사를 드리고, 저는 해인사 국일암으로 가서 출가를 하였지요. 그 후에 제 모친은 국일암으로 날 데리러 오셨지요, 출가를 하지 못하게. 그러나 제 결심은 이미 서 있었기에 흔들리지 않았죠.

그런데, 관응 스님은 연화사를 떠나서 연방사로 가셨지요.
● 그래요. 그래서 저는 진주 연화사를 떠나 통도사의 운허 스님에게로 가서 배웠지요. 그때 노스님께서는 운허 스님에게 저를 소개하는 편지를 써주셨습니다. 그래서 저는 그 편지를 들고 통도사 운허 스님에게 갔습니다. 그 편지를 보신 운허 스님께서 저에게 배움을 허락을 해주셔서, 보타암에 머물면서 묘엄 스님과 같이 통학을 하면서 공부를 하였습니다.

　　그러다가, 불교정화가 일어나자 운허 스님이 통도사를 떠나 진주 연화사로 가셨어요. 그래서 저와 묘엄 스님은 운허 스님을 따라와서, 도솔암에 머물면서 공부를 하였지요.

그러면, 스님은 그후에 관응 스님에게 또 배우시지는 않으셨습니까?
● 관응 스님께서는 1963년 무렵, 용주사 주지로 계셨습니다. 그때 저는 스님을 찾아가서 유교의 『대학』을 배웠습니다. 저와 함께 가서 배운 스님은 비구니회장을 하신 명우 스님입니다.

스님께서는 동국대에서 석사, 박사과정을 이수하시고 유식학으로 박사학위를 취득하셨습니다. 스님이 유식학을 선택하신 것에는 관응 스님의 영향이 있었나요.

● 그렇지는 않습니다. 저는 지도교수로 김동화 박사를 모시고 수학을 했습니다. 김동화 교수님이 유식학을 잘 아시니깐 저절로 그렇게 된 것이지, 관응 스님을 의식해서 선택한 것은 아니지요. 제 의지로 그렇게 했어요.

다만, 김 박사님은 저를 보면 '관응 스님은 잘 계시냐?'고 물어는 보셨지요. 김 박사님은 광우 스님의 아버지인 혜봉 스님의 사제입니다. 그리고 노스님(관응)도 혜봉 스님의 수계상좌이십니다. 혜봉 스님은 굉장히 훌륭한 분입니다. 연관 스님이 혜봉 스님의 유고를 번역해서 책(『혜봉 선사 유집』, 성보문화재연구원, 2004)을 펴냈어요. 광우 스님이 살아 계셨으면 이런 이야기를 잘 해줄 터인데, 안타깝습니다.

스님의 편지글 모음집 『꽃의 웃음처럼 새의 눈물처럼』에 보면, 관응 스님이 스님에게 보낸 편지가 있습니다. 그 편지를 보면, 스님이 복천 암에 계신 관응 스님에게 수서(手書)와 작설차를 보냈다고 나옵니다. 기억이 나시는지요.

● 글쎄요. 너무 오래전이라 기억이 나지 않습니다. 저는 4·19가 날 때 서울에는 있었어요. 노스님이 속리산 법주사의 복천암에 계실 적에는 임창순이라는 한문을 잘 하는 분이 거기에 같이 좀 있었다는 말은 들었습니다. 두 분이 잘 안다고 그래요. 임창순은 경기도 마석에 태동고전 연구소를 만들어서, 후학에게 한문을 가르치고 그랬죠.

관응 스님은 무문관에서 6년간 수행을 하셨습니다. 혹시 스님은 무문 관 수행 당시에 가 보시지는 않으셨나요.

관응 스님을 모시고 열린 유식특강 법회(1980.10.24.)를 마치고 기념 촬영.

● 가끔 가 보았습니다. 그러나 너무 오래되어 기억은 없어요.

관응 스님은 대원정사, 직지사 등에서 특강을 많이 하셔서, 대중들에게 불교를 널리 알리셨습니다. 스님은 이런 특강을 들으신 적이 있으신가요.
● 들은 적이 있습니다.

스님은 운문사 불사를 위해서 전국을 다니면서 권선을 하셨어요. 그때 직지사에는 안 가셨나요.
● 갔지요. 직지사 중암의 노스님에게서도 불사금을 조금은 받았지요.

관응 스님의 강의는 유트브, 인터넷에도 나옵니다. 제가 들어 보니, 관응 스님의 깨달음의 관점은 특이합니다. 이에 대한 스님의 의견을 부탁합니다.
● 노스님이 말씀하시는 것을 들어보면은 '깨야 한다'고 하셨지요. 노스님 생각은 우리들이 각자가 마음과 생명을 갖고 있다는 생각이 틀렸다는 것입니다. 그러니 그 생각, 각각에 들어 있다는 그 생각은 아집이니 그것을 깨야, 없애야 한다고 하신 것입니다.
　　여기 운문사에서 관응 스님과 이기영 박사를 동시에 모셔서 강의를 들은 적이 있습니다. 노스님이 강의를 하시면은 이기영 박사가 처음부터 끝까지 다 듣고, 이기영 박사가 강의를 하시면은 노스님이 다 듣습니다. 그때, 이기영 박사는 노스님의 강의를 꼭 들어야 된다는 말씀을 했어요. 그렇게 서로서로 듣고, 존경하고 그러셨습니다.

관응 스님의 교학, 선학에 대한 관점을 어떻게 이해를 해야 할까요.
● 노스님의 그런 것에 대해서는 선교(禪敎)를 일치해서 체달(體達)을 하

였다고 보고 싶습니다. 선교일여(禪敎一如)의 입장이었을 것입니다. 선교를 하나로 보셨습니다.

그런데 한국불교에서는 선(禪) 제일주의가 있어요. 그래서 안거를 몇 안거를 했다는 말이 많지요. 우리 큰스님은 선방에서 몇 안거를 나신 스님이라고 하지요. 그런 것을 자랑을 하지요. 그러면서 교학을 무시하는 경향이 있어요. 그렇지만 조사스님의 글을 인용만 해요. 예전에 보면 고승 중에서도 설통(說通)에 능하신 스님, 종통(宗通)에 능하신 분이 있었습니다. 설통에 능해도 종통에 능하지 못한 분이 있고, 종통에 능해도 설통에 능하지 못한 분이 있습니다. 이런 두 분야를 다 잘 하는 것은 어렵습니다.

그러나 관응 스님은 대강백으로 널리 알려졌습니다.

● 관응 스님의 강의 테이프를 들어보면은 선에 대해서도 해박하셨다는 것을 알 수 있습니다. 1992년도에 4대 종교의 대표자를 초청하여 '어떻게 살 것인가'라는 주제로 대토론회를 할 때의 녹음테이프를 최근에 들어보았습니다. 그때 불교 대표로 노스님이 나가시고, 천주교에서는 김수환 추기경, 기독교에서는 한경직 목사, 그리고 유교에서는 이병주라는 분이 나왔어요. 그 내용에서 저는 노스님이 선에 대한 본질을 확실히 알고 계셨다는 것을 느낄 수 있었어요.

그리고 노스님은 무문관에서 6년간 참선 수행을 하시지 않았습니까? 어떤 스님은 노스님이 '교는 알지만 선은 모른다'고 취급을 하시더라구요. 또, 제가 알기로 노스님은 출가 초기 남장사에 계실 적에도 선에 대한 관심이 많았습니다. 남장사에 선방이 없으니깐 남장사 산내 암자인 관음암에 가서서 참선을 하셨다고 그래요. 그 관음암은 비구니 선방인데, 참선을 하시려고 그런 곳까지 가셔서 참선을 하신 것을 저는 알고 있어요. 그때 그 관음암에 정수옥 스님이 있어서, 저는 그것을 전해 들었지요. 수옥 스님은 비구니 강백으로 유명한 분입니다.

관응 스님은 교뿐만 아니라 선에 대한 말씀을 많이 하신 것은 분명합니다. 그런데 계정혜 삼학에서 계율에 대한 말씀은 적었어요. 이를 어떻게 보아야 하나요.

● 우리가 계를 따로 생각하면 안 됩니다. 계정혜 삼학은 하나로 귀결되는 것입니다. 기독교에서 삼위일체를 말하는 것과 같아요. 따로 말하는 것은 이산가족과 같은 거예요. 삼학이 하나로 가면 좋은 것이고, 그렇지 않으면 삼독이 나오는 것입니다.

　　　이런 측면에서 노스님은 생활 자체가 일치되었습니다. 삼학이 일치되어야 하지요. 노스님은 일치가 되었습니다. 삼학 일치에 순응을 하면 선하게 되고, 그것에 역류가 되면은 악이 되는 것입니다. 이런 것을 모르고 노스님의 계율을 운운하는 것은 난센스입니다.

관응 스님의 업적, 발자취를 재평가를 해야 한다고 봅니다. 스님의 견해는 어떠하십니까?

● 당연히 그렇지요. 노스님은 특강을 많이 하시고, 포교도 많이 하셨습니다. 그러나 그에 비해서 책으로 정리가 된 것이 부족해서 덜 유명한 것은 사실입니다. 저희 후학이 노스님의 정신, 지향, 흔적을 잘 정리를 해야 하는데 지금까지는 부족했습니다. 차후에는 직지사 차원에서도 노스님에 대해서 관심을 갖고, 계승 작업을 하는 것이 좋지 않을까 합니다. 세미나와 같은 학술 작업도 해야 할 것입니다. 수년 전에 김광식

직지사 중암으로 관응 스님을 찾아 뵙고 나서 기념 촬영.

교수님이 작업한 노스님의 증언 자료집(『관응 대종사 황악일지록』)이 나오지 않았습니까? 이제부터는 그 책을 자료집으로 인식을 해서 본격적인 학술 작업이 추진되길 기대합니다. 김 교수님이 발의를 해서 적극적으로 나서 주세요.

관응 스님의 생각이 가끔 나시지요.

● 그럼요. 저는 노스님이 입적하시고 영결식 한 것이 엊그제 같은데 벌써 18년이 되었어요. 세월이 달리는 말과 같고, 유수와 같이 빠릅니다. 그때, 영결식이 거행될 때 오신 큰스님들의 법어가 참 좋았다고 봅니다. 저는 그중에서 석정 스님이 관응 스님의 진영에 찬(讚)한 게송이 가슴에 남아서 시간이 날 때, 그 게송을 붓글씨로 쓴 적도 있습니다. 그것

을 소개하면 "모든 것 마음이라 법계를 관하시되(觀法界一切唯心), 그 마음 쓰실 때는 머무는 바 없으셨네(應無所住而生其心), 마음과 마음으로 선과 교를 펴시더니(敎海禪林以心傳心), 종소리 잠기고 북소리 고요해 강물 위로 달이 뜨네(鍾沈鼓月在江心)"입니다.

관응 스님의 연구를 하려면 관련 자료가 정리가 되어야 하고, 그러고 나서 보급이 되어야 합니다.

● 그래요. 제가 노스님이 1993년도에 직지사에서 하신 유식특강을 영남대의 김성규 교수에게 부탁을 해서 녹취를 풀게 하여, 『유식특강』이라는 제목으로 운문사에서 한 권은 펴냈습니다. 저는 최근에 노스님이 하신 모든 강의 테이프, 동영상을 전부 모아서 정리했습니다. 그것을 영구히 보존할 수 있게 했어요. 노스님의 자료 전부를 컴퓨터에서 볼 수 있게 외장 하드에 담았습니다. 즉 디지털화를 했어요. 조만간 인연이 있는 스님, 학자들에게 배포할 것입니다. 그러면 연구 기반이 구축되는 셈이지요.

그것은 대원정사, 직지사, 조계사, 김룡사, 봉암사, 해인사, 운문사 등에서 강의하신 것인데 주제도 다양합니다. 유식, 『화엄경』, 『법화경』, 『지장경』, 『반야심경』, 심우송, 무문관, 『선문염송』, 유식 30송 등등입니다. 저는 시간이 나면 그런 자료를 보고 동영상을 보았으면 견료(見了), 오디오를 들었으면 청료(聽了)라고 기재를 하면서 보고 있습니다. 그리고 몇 년 전에 김 교수님이 직지사 스님들과 마음을 합쳐서 펴낸 『관응 대종사 황악일지록』에 담긴 내용이 관응 스님의 생애, 사상의 기본입니다. 그때 김 교수님이 전국을 다니면서 노스님의 생애, 행적을 찾기 위해 얼마나 고생하셨습니까. 저는 김 교수님의 노고에 늘 감사를 드리는 입장입니다. 제가 후원도 별로 못하였는데, 이번 기회에 재삼 감사를 드려요.

탄허

학문적으로
자주정신이 강한 어른

월정사 조실
오대산수도원 원장
동국대 대학선원장

명성 스님 수행록

스님께서는 탄허 스님에게 배운 것으로 알고 있습니다. 우선 오대산과의 인연부터 들려주시지요.

● 저는 탄허 스님과 인연이 있지만, 오대산의 방한암 스님과도 인연이 있어요. 이것부터 먼저 말씀드리지요. 저의 부친이 강백이신 관응 스님이신데 일제 강점기 말기에 노스님(관응)께서 월정사 강원의 내전 강사이셨어요. 그때 외전 강사는 동국대 교수를 지낸 원의범 교수이셨구요. 그래서 저의 집이 월정사 그 밑에 있는 마을(회사거리)에 있었어요. 그러니까는 탄허 스님, 관응 스님, 원의범 교수는 동시대에 살면서 알고 지내던 사이였지요.

스님께서 입산하기 이전 시절의 탄허 스님에 대한 추억은 무엇일까요.

● 그때 보니까는 탄허 스님, 관응 스님, 양청우 스님 이 세분이 아주 친했어요. 그리고 탄허 스님과 관응 스님은 학문적인 토론을 서로 간에 많이 했어요. 밤을 새워가면서 대화를 많이 하셨어요. 그래서 별명을 '밤새기'라고 그랬지요. 당신들끼리 서로 통해서 많은 이야기를 하시는

것을 보았어요. 노장님(관응)은 유식에 통달하신 분이고, 탄허 스님은 유불선을 회통한 분이 아닙니까? 두 분은 불교학의 태두(泰斗)이잖아요. 그러니 두 분은 밤을 새워가면서 학문 토론을 하신 것이지요.

스님께서는 6·25 때 탄허 스님, 도원 스님과 같이 피난을 가셨다는 말을 들었어요.

● 그것이 1·4 후퇴 때입니다. 그때 저는 여고를 졸업하고 교사 발령을 받아 초등학교에서 아이들을 가르칠 때이거든요. 저하고 탄허 스님이 같이 피난을 갔어요. 탄허 스님, 나, 정각심 보살(명성 스님 모친), 탄허 스님의 상좌인 희태 스님하고 같이 갔습니다.

스님은 1952년 해인사 국일암에서 출가하셨고, 이후에는 다솔사와 선암사에서 공부하셨죠. 그리고 1961년에는 청룡사에 계시면서 동국대 불교과에 입학하셨습니다. 그 무렵에 탄허 스님에게 혹시 배우셨습니까?

● 그것이 어떻게 되었는가 하면은 제가 동국대에 다니면서 주로 불교 경전을 중심으로 공부를 하였어요. 그때가 언제인가? 방학이 되었지만 놀면은 안 되니깐 탄허 스님에게 『장자』를 배우러 가야겠다고 생각하고는 영은사로 배우러 간 것이지요. 그래서 탄허 스님에게 갔더니만, 스님께서는 "관응 스님에게 배우지, 왜 나에게 와서 배우려고 하느냐"는 말을 연거푸 세 번이나 하시더라구요. 관응 스님에게 배울 일이지 왜 탄허 스님에게 왔냐는 것이지요. 그러나 구체적인 내용은 생각나지 않아요. 탄허 스님은 『장자』, 거기에 통달하니깐 그런 것에는 독보(獨步)이잖아요. 거기에 가서 배운 것은 한 번이었고, 한 달 동안 배웠어요.

명성 스님이 탄허 스님에게 「장자」를 배우던 시절의 영은사의 일소굴.

스님이 탄허 스님에게 배우시던 영은사 시절을 회고하여 주세요.

● 그때가 겨울이어서 무척 추웠어요. 그 절 영은사는 큰 도량이 아니었
고, 주지는 희태 스님이었습니다. 그 당시에는 희윤이라는 스님도 있
었는데, 그 스님은 일찍 죽었지. 박완일이라고 신도회 사무총장을 한
사람과 친했고, 박완일의 장인이 신상순인데 그 사람은 월정사 산감을
하였지요. 공양은 그래도 먹을 만하였고, 거기에서는 발우공양을 꼭
하고 그랬지요.

　　저는 대중들과 함께 영은사에서 하는 수업을 같이 듣고, 따로 거
기에서 떨어진 일소굴이라고 탄허 스님 계신 곳에 가서 일대일로『장
자』를 공부했어요. 저 혼자 배웠기에 칠판 강의는 안 했어요. 그때 탄
허 스님이 하시는 칠판 강의를 들어보면은 스님은 유불선의 모든 경전
을 다 외워서 하셨어요. 정말 대단했어요. 탄허 스님은 저에게 해박하
게 잘 일러 주셨어요. 그래서 거기에서 배운 것이 저의 공부에 도움이

되었어요. 많은 도움이 되었지요. 불경만 보다가 유교, 『장자』에 대한 이야기를 많이 들으니 학문의 폭이 넓어졌지요.

그 시절, 그곳에 있었던 대중들은 누가 있었습니까?
● 비구스님으로는 혜거 스님이 기억납니다. 그 스님은 그때 아주 젊었어요. 그리고 비구니스님은 자호 스님과 자혼 스님이 생각납니다. 자혼 스님은 그 뒤에 환속했어요. 저는 객(客)으로 있었고 유심히 보지 않았기에, 다른 대중은 잘 몰라요.

스님은 그 후에는 탄허 스님을 어디에서 뵈었나요.
● 제가 청룡사에서 10년을 있었어요. 거기에서 동국대와 동국대 대학원을 다니고, 강사도 했어요. 그때 원보산 스님도 자주 오셨고, 탄허 스님이 청룡사의 방장실에 계신 것을 봤습니다. 상주하시지는 않고, 가끔 들리셨는데 청룡사 주지스님인 김윤호 스님과 가까웠어요. 그리고 스님이 개운사의 대원암에 계시면서 경전 번역 작업을 하실 때 찾아가서 인사를 드린 적이 있습니다. 스님은 항상 번역하시고, 집필하시는 것에 여념이 없었어요. 대원암에는 탄허 스님이 들어가시기 전에는 수덕사 출신인 덕수 스님과 혜춘 스님이 있었어요. 덕수 스님은 견성암의 선원장도 했는데 십 년 전에 돌아가셨어요. 그 당시에 제가 대원암을 들렀더니, 탄허 스님은 저를 보고 여학교 다닐 적에는 얼굴이 뽀얗더니 지금은 얼굴이 좋지 않다는 그런 농담도 하셨어요.

탄허 스님은 『화엄경』 출간 기념으로 월정사에서 화엄산림 법회를 하셨는데, 거기에는 참석하셨나요.

● 저는 운문사에 소임이 바빠서, 거기에는 가지 못했어요. 그리고 탄허 스님을 이곳 운문사에 모시지도 못했어요. 운문사에 한 번도 안 오셨어요. 그 스님은 늘 번역, 집필하시는 것에 바빴어요. 지금 생각하면 한 번이라도 모셔서 특강을 하였으면 좋았는데, 왜 못했는지 아쉽지요.

스님은 탄허 스님을 어떤 스님으로 보십니까?
● 저는 탄허 스님을 선교(禪敎)를 겸수한 스님으로 보고 싶어요. 선교는 둘이 아니거든요. 선교를 따로 보는 것은 틀린 것입니다. 탄허 스님은 선교일치(禪敎一致)를 터득한 큰스님이라고 보시면 됩니다.

탄허 스님은 승가 교육에 필요한 경전 대부분을 번역하셨지요.
● 탄허 스님은 하여간에 정력이 대단해요. 스님의 열정, 에너지는 대단합니다. 학문에 대한 저력은 보통이 넘습니다. 학문에 당당하셨어요. 스님이 하시는 강의를 들으면은 보통 통달이 아닙니다.

　　그리고 탄허 스님이 모든 경전을 번역하셨다는 것은 역사상에 한 획을 그으신 것입니다. 학문적으로 유불선을 회통하셨기에 할 수 있었던 것이지요.

스님이 탄허 스님에게 영향을 받은 것이 있다면 무엇일까요.
● 탄허 스님은 학문적으로 자신만만하셨습니다. 스님은 어디에 가서 누구에게 굽히지 않았어요. 자기 자신의 자주력을 길러서, 학문적으로 자주정신이 강하셨죠. 그래서 저도 그런 점에서 자주적인 정신을 배울 수 있었지요. 힘으로 하는 것이 아니라, 학문적으로 자주정신이 강했어요.

탄허 스님은 유불선을 회통하셨는데, 이런 점을 보고 스님도 그렇게 하고 싶다는 생각이 들었는지요.

● 저는 그런 생각은 있었지만, 그리되기는 쉬운 일이 아니지요. 저는 스님의 영향을 받아서 운문사 학인들에게 불경뿐만 아니라 유교도 가르치고 있어요. 이곳 운문사 강원의 전교생들에게 사서(四書)를 배우게 하였어요. 그 방면의 학자를 모시고 했어요. 영남대 교수인 유교 학자 이완재 선생을 모셔서 그리했어요. 지금은 한문불전대학원에서도 수업을 합니다. 탄허 스님의 영향으로 스님들이 불교, 내전만 배워서는 안 된다고 생각했습니다. 내·외전을 겸해야, 만전을 기하는 학문이 될 수 있어요.

탄허 스님과 관응 스님의 특성을 비교하신다면.

● 제가 어떻게 두 큰스님을 비교할 수 있어요. 관응 스님은 뭐 하라고 하시면은 '싫어요'입니다. 역경위원장을 하시라고 해도 그렇고, 총무원장을 하시라고 해도 그렇고 무조건 '싫어요'입니다. 싫다고만 하셨어요. 스님은 안 하는 주의야. 그에 비해서 탄허 스님은 정치적인 말씀도 하시고, 학문에 아주 당당하고 소신이 있었어요. 어디에도 굽히질 않고 자신만만하셨어요. 탄허 스님 당신은 신학문을 안 했지만, 신학문 하는 사람을 아주 좋아했어요. 스님이 하시는 강의를 들어보면은 목소리에 힘이 있어요. 하여간에 두 분은 잘 통했는가 봐요. 그래서 서로 밤새기라고 그러지.

탄허 스님의 생각이 가끔 나시나요.

● 그야 생각이 나지요. 같이 피난을 가던 생각이 납니다. 이번에 교수

자주적인 학문정신을 명성 스님에게 가르쳐 준 탄허 스님. 명성 스님은
개운사 대원암으로 가서 탄허 스님에게 인사를 드렸다.

님께서 저와 탄허 스님에 대해 이야기를 하자고 연락이 왔을 때, 제가 탄허 스님에 대해서 별로 많은 자료를 줄 것도 없고 새롭게 공개를 할 것이 없는데 무엇을 이야기할까 생각을 해봤지요. 탄허 스님은 100살 넘게 사신다고 그러셨는데, 너무 일찍 돌아가셨어요. 하실 일이 많았는데 참으로 안타깝지요. 탄허 스님이 입적하였을 적에 제가 버스를 대절해서 여기 운문사 학인들 데리고 월정사를 가던 일이 엊그제 일처럼 생각납니다.

명성 스님 수행록

자운

존경했던
훌륭한 율사스님

해인사 주지, 대각회 이사장
조계종 총무원장
조계종단 전계대화상

스님과 자운 스님에 대한 인연 이야기를 듣고 싶습니다. 자운 스님을 어떻게 생각하십니까?

● 저는 그 스님을 청정한 율사스님으로, 그래서 훌륭한 스님으로 생각하였습니다. 그러나 그 스님의 삶이라든가 구체적인 행적은 잘 몰라요.

스님의 문집에는 운허 스님이 스님에게 보낸 편지에 자운 스님이 펴낸 『무량수경』(10권)을 보낸다는 구절이 있어요. 혹시 1950년대 중반에 『무량수경』을 받으셨나요.

● 받았습니다. 그것이 동학사 시절인가 그렇지요. 정화불사가 일어난 1950년대 중반인 것 같아요. 자운 스님이 펴낸 『무량수경』이 자운 스님 연보에 나오는지 궁금하네요.

스님은 정화불사가 나기 전에 해인사에서 출가하여 공부를 하셨는데, 자운 스님은 정화가 나고 첫 주지로 1955년 9월경에 해인사에 들어가십니다. 스님은 정화운동 이후 언제 처음으로 해인사를 가셨나요.

명성 스님이 비구니 계단에서 강의하는 장면.

단일계단의 비구니 증사들과 함께 한 명성 스님(1982).

명성 스님 수행록

● 제가 해인사 국일암에서 출가를 하고 나서, 해인사에 가서 비구니계를 받은 것이 1967년이니깐, 그때가 처음입니다. 저는 그때 받은 계첩을 보관하고 있습니다. 그때는 나 혼자 받은 것이 아니고, 여럿이 같이 받았지요. 자운 스님을 만난 것도 그때, 처음 만난 것 같아요. 그때 자운 스님이 전계대화상이고, 석암 스님이 교수아사리로 기억합니다. 그때 계를 주면서 비구 한 분, 비구니 한 분을 정해서 따로따로 계율 강의를 듣게 하였어요. 비구스님은 일타 스님이 한 것 같고, 비구니스님은 지관 스님이 했어요. 지관 스님은 조용조용 설했어요.

정화불사의 이후, 스님이 지켜보신 해인사 분위기는 어떠하였나요.
● 제가 출가하던 시절의 해인사는 대처, 비구가 같이 살았지만, 정화가 나고 나서 그 이후에는 비구스님만 살았죠. 그러니깐 청정한 분위기가 확 났어요. 옛날보다 더 낫다고 볼 수 있어요. 훨씬 다르죠.

　　제가 수계를 받던 때의 해인사 주지는 영암 스님이었는데, 그 스님은 제가 강릉여고를 다니던 시절에 월정사의 총무를 했습니다. 그때 뵈었는데 총무라고 하지 않고, 감무스님이라고 불렀죠. 자운 스님의 고향이 월정사 근처 평창이라고 그러는데, 그때는 그것을 몰랐어요.

스님께서 자운 스님과 인연을 본격적으로 맺은 것은 아마도, 10 · 27 법난이 일어난 이후인 1981년 단일계단과 1982년도의 비구니 이부승 제도가 시작될 때로 보입니다.
● 맞습니다. 그래요. 그 이전에는 별도로 만난 적이 없다가, 그 무렵에 뵙고 배우고 그랬습니다. 그때 자운 스님이 종회에 이부승 제도를 건의하고 그러시자, 비구니스님들이 1982년에 석남사에 모여서 모임을

가졌습니다. 비구니 원로스님들이 모였는데, 그 모임은 인홍 스님이 계율에 많은 관심이 있어서 주관을 하신 것입니다. 인홍 스님이 월정 사 산내 암자인 지장암에서 출가를 하고, 거기에서 선방을 하고 그랬 는데 자운 스님과 아주 친했어요.

스님의 행적을 제가 조사를 해 보니, 스님은 교수아사리도 하시고, 전 계대화상도 하셨습니다.

● 그래요. 1981년부터 교수아사리와 갈마아사리를 많이 했고 2001년 부터는 3년간 전계대화상을 하다가, 잠시 안 하다가 그 이후에 또 했어 요. 이부승 제도가 되어서, 비구니들이 따로 하는 것을 별소계단이라 고 불렀어요. 별소계단은 단일 수계산림을 할 적에 별도 공간에서 비 구니가 비구니들에게 계를 설하고 나서, 다시 비구스님들과 함께 본 계단에서 계를 받는 것입니다. 그러니깐 재인정을 받는 것입니다. 저

운문사에서 개최된 '제2회 비구니 수행 교육'(1986년)에서 말씀을 하는 명성 스님.

명성 스님 수행록

는 그때 348계를 다 설명했어요. 지금은 식차마나니계를 봉녕사에서 하지요.

그러니깐 저는 자운 스님에게 받은 은혜가 크죠. 자운 스님이 비구니들의 배려를 많이 하시고, 계단도 만들어 주시고 그래서 비구니스님들은 자운 스님에게 영향을 많이 받았죠.

비구니 계율 특강을 1983년에는 운문사에서 하고, 1985년경에는 봉녕사에서도 했습니다.

● 아마 그랬을 거예요. 그런데 세월이 오래되어서, 그 시점은 애매합니다. 운문사에서 강의는 백 명이 넘는 비구니스님들이 참석한 것으로 기억이 조금 나요. 자운 스님이 증명이었고, 일타 스님이 강의를 하였습니다. 보성 스님과 성타 스님도 왔을 거예요. 봉녕사 강의는 기억이 분명하지는 않지만 어렴풋하게 생각은 나요.

제가 보기에 종단의 비구니계단은 자운 스님 배려에서 나온 것입니다. 그 당시 제 생각은 자운 스님을 '훌륭한 율사'라고 보아서, 존경하고 그랬지요.

혹시 스님께서는 자운 스님을 운문사로 모셔서 특강을 하시지는 않았나요.

● 있습니다. 두 번을 했어요. 자운 스님은 오시면 여러 날을 계시고 그랬지요. 그리고 자운 스님의 상좌인 지관 스님도 모시고 초청 특강을 했어요. 저는 운문사에서 지관 스님, 법정 스님과 같이 드러난 분들을 모시고 특강을 하도록 했어요.

묘엄 스님의 생애를 정리한 책, 『한계를 넘어서』에는 1998년 후반인가, 1999년 초반경에 새 세대의 율사들이 묘엄 스님 일행을 해인사로 오라고 해서, 별소계단의 강의를 비구스님들이 하겠다는 의사를 피력하자, 묘엄 스님이 이의를 제기하였다는 내용이 나옵니다. 혹시 스님은 해인사에 같이 가시지 않았나요?

● 너무 오래된 일이라, 조금은 생각을 해 봐야겠습니다. 가만히 생각을 해 보니, 거기에 간 것 같아요. 묘엄 스님하고 저, 그리고 광우 스님이 같이 갔습니다. 거기에서 오고 간 말은 기억이 없어요. 다만 일타 스님이 늦게 오셨는데, 일타 스님이 오시기 전에 시작을 했던 것 같아요. 비구니스님들을 배려하지 않은 것 같았고, 선배 율사들을 존경하는 모습이 안 보였던 느낌을 받았습니다. 그때 해인사에서 조금 떨어진 곳에서 만났어요.

스님의 도반인 묘엄 스님은 해인사의 일을 겪으면서 비구니 율사 양성이 시급함을 느껴서 1999년에 바로 봉녕사에 금강율원을 개원하였어요. 그런데 운문사도 2008년에 보현율원을 개원하였습니다. 스님이 율원을 세운 이유는 무엇입니까?

● 제가 여기 운문사에 율원을 세운 뜻과 정신은 이렇게 이야기를 할 수 있어요. 불교에는 경율론 삼장이 있지 않습니까? 그런데 이 세 분야는 솥의 세 다리와 같이 서 있지만, 그것은 하나로 합쳐져야 됩니다. 또 율원이 있어야 총림을 할 수도 있고, 그래서 율원을 세운 것이지요.

　　그런 생각을 한 것은 아무래도 제가 계단에서 활동을 하다 보니, 율원에 관심을 갖고 중요성도 알게 된 결과이지요. 그래서 제가 계단에서 일을 한 것, 그리고 율원을 만든 배경에는 자운 스님이 계신 것이지요.

자운 스님은 계본을 보급하고, 그리고 정토 사상에 대한 책도 법보시로 많이 보급했습니다.

● 그렇습니다. 저도 자운 스님이 펴낸 『비구니계본』을 가지고 있어요. 자운 스님은 대율사이시니깐 계율 책과 아미타불에 대한 책을 많이 펴냈어요. 혹시 지관 스님하고도 이런 인터뷰를 하셨나요.

지관 스님은 생전에 제가 자주 만나 뵈었습니다만 자운 스님을 주제로 집중적인 인터뷰는 하지 않았어요. 봉암사 결사와 당신의 수행에 대한 것은 제가 한 적이 있습니다. 지관 스님은 살아생전에 자운 스님의 비석을 세우시고, 영정도 조성하시고, 세미나도 열고 그랬습니다. 저에게는 자운 스님의 훌륭한 점을 강조하시고, 자운 스님에 대한 책을 준비 중이라는 말씀도 하였어요.

● 그랬군요. 자운 스님의 책을 준비는 하였군요. 그러니깐 준비는 하셨지만 미루다가 갑자기 가셨지요. 의외로 빨리 가셨어요.

운문사에서 개최된 비구니 계율 특강.
특강 당시 자운 스님은 증명으로 참여했다.

그래서 최근에 입적하신 인환 스님이 권유를 하고 제가 자운문도회의 스님들과 상의해서 『자운대율사』(자운문도회, 2017)라는 증언 자료집을 발간하였습니다. 그때 그 책을 펴내기 위해 자운 스님 기일에 홍제암에 모여 편집회의도 갖고, 문도회의 대표인 세민 스님과 몇 차례 상의를 하였습니다.

● 그때 김 교수님이 이곳 운문사에 와서 자운 스님을 주제로 저에게 묻고 그랬지요. 그래서 만든 책을 지관 스님의 부도탑 제막식을 한 해인사 홍제암에서 배포하지 않았습니까? 저도 그 제막식에 운문사 주지인 진광 스님과 함께 갔습니다. 그 행사 날에 김 교수님도 거기에 있어서, 우리가 만났지요.

스님의 강맥은 성능 스님에게서 나온 것으로 알고 있습니다. 지관 스님의 책 『한국불교계율전통』(가산불교문화연구원, 2005)에는 스님의 계맥이 자운 스님에게서 나온 것으로 나와요. 이에 대한 것을 말씀하여 주세요.

● 저는 성능 스님에게 전강을 받을 때, 이제는 강의를 맡으라고 하면서 좌복을 밀어주는 형식으로 받았습니다. 예전에는 그렇게 전강을 하고 그랬어요. 제 계맥은 지금 말씀하신 그 책에 나와요. 여기 운문사 주지인 진광 스님이 그 책을 갖고 와서 보게 되었습니다. 지관 스님이 그 책을 펴낼 때 저에게 전화가 왔어요. 자운 스님의 계맥 계보(戒譜)에 넣겠다고, 그렇게 된 것입니다. 아마도 지관 스님은 단일계단과 이부승계단이 시작할 때 자운 스님이 저하고, 정행 스님, 묘엄 스님을 계단의 책임자로 임명하신 것을 계맥의 계승으로 보시고 그렇게 하신 것으로 보입니다. 저는 그리 알고 있습니다.

자운 스님은 염불 수행을 강조했어요. 제가 통도사의 원산 스님에게 들어 보니 관응 스님도 말년에는 염불을 강조하였다고 합니다. 혹시 이런 말을 들어 보셨나요.

● 글쎄요? 관응 스님이 염불을 좋아하셨다는 그런 것은 잘 모릅니다. 두 스님은 큰스님으로서, 큰스님들의 모임인 여석회(餘石會)의 회원이었죠. 여석회는 '남은 돌' 모임이라고 그랬어요. 여석회 사진에 나와요.

자운 스님에 대한 연구, 즉 세미나는 세 차례 열렸어요. 추후 더욱 연구가 되어야 합니다.

● 그랬어요? 저는 그렇게 몇 차례가 열린 것을 모르고 있었습니다. 자운 스님이 비구니스님들의 계단 개설, 계율사상의 진작, 후배 율사들을 키워낸 것에 대한 조명도 있어야 합니다.

스님이 생각하시는 자운 스님의 정체성을 말씀하여 주세요.

● 저는 자운 스님을 무엇보다도 율사로 봅니다. 그래서 지도를 받았고, 그래서 존경을 하고 그랬어요. 비구니스님들이 자운 스님을 존경했어요. 지금은 돌아가셨지만, 혜춘 스님과 인홍 스님 두 분이 다 자운 스님을 무척 존경했습니다.

귀한 증언, 감사드립니다.

● 제가 아는 것, 기억이 적은 것에 미안합니다. 김 교수님과 대화를 해 보니, 저도 인연이 적지 않았음을 알게 되어 기쁩니다. 자운 스님에 대한 연구가 더욱 활성화가 되길 기대합니다.

경봉

알기 쉬운
법문을 하신 큰스님

통도사 주지
선학원 이사장
통도사 극락선원 조실

명성 스님 수행록

스님은 경봉 스님을 친견하셨습니까?

● 그럼요. 노스님은 한두 번 뵌 적이 있습니다. 제가 1954년 무렵 통도 사 보타암에 머물면서 운허 스님에게 경전을 배운 적이 있어요. 그 무 렵, 보타암에 같이 있던 스님들과 같이 극락암에 올라가서 인사를 드 린 기억이 있는데, 그때 정황과 경봉 스님 말씀은 생각나지 않습니다.

그 이후 정확하게 1970년대인지 언제인지는 기억에 남아 있지 않 지만, 외국에서 신부님들이 운문사를 방문했을 때, 그때 외국의 신부 님들이 경봉 스님의 법력을 듣고 친견하고 싶다는 뜻을 보였어요. 저 와 대학원 박사 과정을 같이 했던, 천주교 수사(修士)를 하다가 환속한 김택준이라는 사람이 외국 신부를 데리고 제게 와서 부탁을 했습니다. 저를 앞세워서 같이 갔어요.

그래서 신부들을 인솔해서, 제가 극락암으로 같이 뵈러 갔던 일이 있습니다. 그때 뵌 모습으로는 아주 인자하시고 친근감을 느꼈어요. 마치 할아버지를 대하는 것처럼. 그리고 법문을 하실 때도 어렵게 하 지 않고 아주 평범하게 누구든지 알아들을 수 있도록 그렇게 법문을 해

주셨습니다.

운문사는 일제 강점기에는 통도사의 말사였습니다. 지금은 동화사 말사인데, 언제 그렇게 바뀌었는지요.

● 글쎄요. 그것은 잘 모르겠습니다. 경봉 큰스님이 일제 강점기 때 통도사 주지도 하시고 그래서 여기 운문사를 자주 오신 것 같습니다.

불교정화 후에 종단에서 동화사를 비구니 총림으로 주었지만, 사정이 생겨 동화사에 있었던 비구니스님들을 운문사로 가게 한 계기로 운문사가 현재까지 비구니 도량이 되었지요.

● 그렇습니다. 동화사에 비구니 총림을 만들려고 1955년 가을에 비구니스님들이 들어가서 8개월인가 있다가 그다음 해인 1956년에 나와서 이곳 운문사로 왔습니다. 동화사에 들어갔을 때 정성문 스님이 주지, 총무는 인홍 스님, 교무는 법일 스님, 재무는 정안 스님이 본 것으로 알고 있습니다. 그러나 동화사에서 얼마 못 살다가 그다음 해에 나와서, 이곳 운문사에 정착한 것이 더 잘 되었다고 저는 봐요.

스님은 운문사 강원, 승가대학의 산 증인이십니다. 1950년대 중반, 비구니스님들이 운문사에 와서 강원을 열었는데, 그때 통도사 출신 스님이 강사를 하였지요.

● 비구니스님들이 운문사로 오고 나서의 초대 주지는 금광 스님이 했어요. 법문을 할 때 방광을 하였다는 스님입니다. 금광 스님이 임제응 스님을 강사로 모셨어요. 임제응 스님은 통도사 강원에서 강사로 계셨다고 그래요. 그 스님은 대처승이었는데, 저는 그 스님을 못 뵈었어요.

여기 운문사 강원의 졸업 대장이 있는데, 그 스님이 강사를 할 때의 졸업생 명단이 있습니다.

경봉 스님의 일지에 보면 운문사에 많은 관심을 가진 것으로 나와요. 사리암의 나반존자(독성) 소상(塑像)을 조성하여 모셨어요.

● 그러니까 지금부터 60여 년 전인데, 1956년에 경봉 노스님께서 증사로 조성한 것으로 알고 있어요. 그때 노스님 연세가 65세 때입니다. 일지를 보니간 1956년 5월 21일에 밀양 포교당에서 사리암 독성소상을 모시고 사리암에 와서, 22일에 봉안을 하시고 이날부터 신도와 함께 7일간 기도를 시작했습니다. 28일 날에는 기도를 회향하시면서 증명도 해주셨어요. 그때 부산 구포에서 온 신도들을 운문사에 가서 자게 하였다고 합니다. 그러니간 큰스님은 지금의 운문사 가람이 있게 한 중요한 불사를 해 주셨다고 볼 수 있습니다.

『경봉 스님 일지』(1956.6.)에는 운문사의 『오백 나한 조성기』가 나옵니다.

● 그래요? 큰스님의 일지에 운문사 내용이 나온다는 것이 놀랍습니다. 제가 알기로는 운문사의 오백 나한은 임진왜란 때 일본 군인이 파괴하여, 임란이 끝난 후에 밀양의 양반들이 조성한 것으로 알고 있어요. 그런 전후 사정을 지은 글이 큰스님의 일지에 나온 것은 그만큼 관심이 크다는 것을 말해주는 것입니다.

　저는 큰스님이 오백 나한의 개분(改粉)불사(1956. 10.)를 하신 것으로 알고 있습니다. 참고로 말씀을 드릴 것은 저희 운문사에서는 몇 해 전부터 오백전(五百殿) 보시함에 들어오는 돈은 학인비로 사용해서 학인 스님들의 서적 구입비라든가 의료비 등 실제로 학인스님들에게 혜택을 주는 데 쓰고 있습니다.

경봉 스님이 1934년에도 운문사 사리암에 다녀가시면서 남긴 시(詩)
가 일지에 나옵니다.

● 그렇습니까? 경봉 스님은 통도사 주지도 하시고, 아주 유식한 큰스
님이라고 합니다. 운문사에 사는 저희보다도 교수님이 운문사에 대한
내용을 더 많이 아네요. 제가 운문사 사리암의 영험록에 대한 책을 만
들라고 저를 시봉하는 스님에게 말을 했습니다. 그 책을 만들려고 하
니 교수님이 갖고 있거나 알고 있는 자료가 있으면 보내 주세요. 교수
님은 김사미의 난으로 석사학위도 하시고, 운문사와 연관이 많으신 고
승인 관응 스님에 대한 구술 자료집을 내셨으니 우리 운문사를 도와주
시길 바랍니다.

스님께서는 1970년에 운문사 강사로 오셔서 현재까지 50년을 후학을
가르치시면서 살고 계십니다. 어떤 연유로 신도들이 사리암에 많이 와
서 독성기도를 한다고 보십니까?

● 처음에는 그렇게 많다고 생각은 안 했는데, 차차 신도들이 많이 모여
들었어요. 지금 현재 사리암은 낙산사 홍련암, 강화 보문사, 남해 보리
암과 함께 한국의 4대 기도처로 알려져 있습니다. 옛날에는 어느 사찰
이나 할 것 없이 경제적으로 많이 어려웠어요.

　　그런데 운문사는 독성님을 모심으로 인해서 수많은 신도들이 경
향 각지에서 모여들어서 기도를 합니다. 그래서 200명이나 되는 학인스
님들이 지금까지 별 불편 없이 경전을 연구하는 데 큰 도움을 주고 있습
니다. 이렇게 운문사가 경제적으로 자립을 할 수 있었던 것은 경봉 노스

생활 법문으로 유명한 경봉 스님. 경봉 스님은 운문사의
오백나한 불사를 하는 등 운문사와 인연이 많다.

님의 덕화라고 할 수 있습니다. 또 전국의 여러 불자님들의 기도 도량으로 운문사의 사리암이 자리매김하게 된 것도 노스님께서 모신 나반존자의 음덕이라고 생각합니다. 그래서 2016년에 동국대 총장을 하신 보광 스님께서 나에게 제안을 하여 '나한신앙과 역사'라는 주제로 하여 학술 세미나를 이곳 운문사에서 하지 않았습니까? 운문사 나한신앙은 운문사 일진 스님이 발표했는데 그것이 『정토학연구』 26집에 수록되었구요. 그때 김 교수도 세미나에 참석해서 나에 대한 논문을 발표하였지요.

스님과 인연이 많으시고, 내원사 중창을 하신 수옥 스님을 아시지요. 수옥 스님과 경봉 스님도 인연이 많다고 알고 있습니다.

● 내원사 중창을 하신 정수옥(鄭守玉) 스님은 근래의 혜옥 스님, 금룡 스님과 함께 비구니 3대 법사이면서 강사로 지칭되는 스님이십니다. 수옥 스님은 제가 건당한 법사이기도 합니다. 그 스님이 살아 계실 때 제가 존경하고 가르침을 받았지만, 건당은 스님이 돌아가신 뒤에 하게 되었습니다. 1983년에 통도사 월하 스님을 증명으로 모시고 하였어요. 수옥 스님은 일제 강점기 때 일본 유학을 다녀와서, 비구니로서 강원을 처음으로 남장사에 연 스님입니다. 그 스님의 수행력으로 인해서 경봉 스님과는 이심전심으로 통하는 아주 좋은 인연이 있었다고 봅니다.

후학들이 수옥 스님 열반 후에 시집인 『화산집(華山集)』을 출간하였습니다. 그 시집의 권두언을 경봉 스님께서 써주신 것으로 보아서 수옥 스님을 많이 아끼셨던 것에서 나온 것이라고 여겨집니다. 『화산집』이 여기 운문사 도서관에 있어요. 제가 교수님이 오시기 전에 미리 보고, 여기 갖고 오지 않았습니까? 내용을 보면 경봉 스님과 수옥 스님이 서로 문답한 도담(道談)이 많이 실려 있어요. 이 책의 끝에 가면 제가 1983년에 쓴 「스님 영전에」라는 글이 있습니다. 하여간에 경봉 스님과 수옥 스님이 주고받은 시(詩)는 읽는 후학들에게 많은 귀감이 되고 있습니다.

경봉 스님은 내원사의 비구니승 선방 조실을 하셨고, 수옥 스님은 내원사를 재건하였기에 경봉 스님은 수옥 스님에 대한 관심이 많았을 것입니다.
● 그래요. 그런 점은 조금만 생각해도 수긍할 수 있습니다. 제가 알기로 수옥 스님은 일본에 가서 공부도 하고, 강사로 명성을 날리던 스님인데, 6·25 때 전소된 내원사로 들어가서 갖은 고생을 하면서 내원사를 복구시켜 놓고는 1966년도에 일찍 입적을 했습니다. 그래서 경봉 노장스님이 수옥 스님의 실력도 아꼈지만, 그런 고생을 하여 불사를 한 것에 높은 점수를 주었을 것입니다. 경봉 스님의 내원사, 수옥 스님에 대한 인연은 논산 법계사의 자광 스님이 잘 알고 있을 것입니다. 그 스님이 수옥 스님 상좌이고, 내원사 주지를 해서 나보다 더 잘 아니, 그 스님을 찾아가세요.

통도사 말사로 비구니 도량인 석남사와 내원사가 있는데, 두 사찰 모두 비구니의 선방을 운영하고 있습니다. 통도사 큰스님인 경봉 스님의 배려와 덕화가 있었던 것이 아닐까 합니다.
● 제가 여기에 대해서 답변을 해도 됩니까? 지금 통도사 말사로는 석남사와 내원사가 대표적인 선방이라고 할 수 있습니다. 구체적인 사정은 제가 잘 모르지만, 통도사의 큰스님들이 비구니스님들에게 특별한 차별 없이 대하시고 인정해주셔서 지금까지 선방이 독자적으로 잘 운영되고 있지 않나 싶습니다. 이 모든 것에 경봉 노스님의 덕화와 배려

가 있었다고 생각합니다. 여기에서 제가 드리고 싶은 말씀이 하나 있는데 스님께서 지은 게송(偈頌)을 하나 소개할까 합니다. "약인욕식진소식(若人欲識眞消息)인데 야반삼경간촉무(夜半三更看燭舞)라"입니다. 저는 이것을 "만약 사람이 참다운 소식을 알고자 할진대는 한밤중의 삼경에 촛불 춤추는 것을 보라"고 읽고 있습니다. 저는 큰스님의 여러 게송 중에서 이 게송이 가장 멋있다고 봅니다.

경봉 스님 생전의 활동을 들어 보면, 모든 사람을 근기에 맞게 편안하게 대해주셨다고 합니다. 여기에 대해서도 스님이 생각나시는 것이 있으시면 들려주세요.

● 제가 경봉 노스님을 자주 뵈온 일은 없지만, 법문을 들은 비구니스님들은 평안한 할아버지와 같고 법문이 알기 쉬웠다고 해요. 내원사가 통도사와 가까우니까 수차 오셔서 법문을 하셨답니다. 저도 한 번은 들은 적이 있는데, 법문의 골자를 한번 말해보지요. 큰스님은 저희에게 "멋지게 이 세상에서 연극 한바탕 하고 가라"고 하셨어요. 그것이 법문의 핵심인 것 같습니다. 우리가 다 연극 하는 배우들이에요. 그런데 어떤 연극을 하고 가느냐가 문제이지요. "멋진 연극을 하고 가거라"고 그렇게 간곡하게 말씀하셨어요.

스님께서 기억하시는 경봉 스님의 다른 어록은 무엇입니까?

● 큰스님은 "물같이 살아라" 그렇게 말씀하시고, 물은 순리대로 흐름을 따라서 흘러간다고 하셨습니다. 물은 바위가 나타나면 바위를 돌고 바위를 뛰어넘고 가지 바위를 억지로 떠밀고 가지 않는다고 하셨어요. 그러니 물 흐르는 대로 살아 가거라고 하신 것이지요. 제가 최근에 경

봉 스님의 책을 뒤져보니까 그 말이 나와요. 그러니까 스님께서는 "꽃은 피고 새는 운다"는 식으로 하셨습니다. 무슨 조사 어록에 나오는 그런 어려운 문구를 인용하지 않으시고 우리들에게 평범하게 노파심절(老婆心切)하게 법문을 알기 쉽게, 이해하기 쉽게 말씀하셨습니다. 저는 그렇게 들었습니다.

경봉 스님 법문은 생활선에서 나온 것이지요.
● 노스님의 생활이 다 법문이지요. 하나하나 다 법문 아닌 게 없지요? 그런 법문은 노장님 아니면 못해요. 다른 고승들은 자기 소리를 못 내요. 저는 자기 소리를 하신 선지식은 경봉 노스님이라고 봅니다.

혹시, 관응 스님과 경봉 스님의 인연을 들어 보셨나요.
● 저는 들어보지 못하였습니다. 저와 인연이 깊은 관응 스님의 증언 책(『관응 대종사 황악일지록』)을 관응 스님의 연고처인 직지사 중암의 문도회 스님들이 주관을 해서 펴냈습니다. 거기에 그런 내용이 있는지 살펴보겠습니다. 그런데 경봉 스님의 상좌인 통도사 주지를 지낸 원산 스님이 관응 스님의 강맥 법제자가 아닙니까? 이런 측면에서 저는 경봉 스님과 관응 스님의 인연이 간단치 않다고 봐요.

귀중한 회고, 감사드립니다.
● 제가 경봉 스님에 대한 추억, 증언이 부족해서 죄송합니다. 저는 이제 세월이 가니깐 기억력이 좋지 않습니다. 아무쪼록 운문사와도 인연이 많은 경봉 큰스님의 덕화와 가르침에 대한 좋은 내용을 채록하여, 후학들이 배울 수 있는 가르침으로 활용해야 합니다.

지관

학승으로 회향한 스님

해인사 강주 · 주지
동국대 교수 · 총장
조계종 총무원장

지관 스님은 언제 어디에서 처음으로 만났습니까?

● 1954년 무렵, 제가 통도사에서 운허 스님에게 배웠습니다. 묘엄, 묘영 스님과 함께 보타암에 있으면서 통도사로 통학을 하면서 배웠는데 그때 비구스님들도 운허 스님에게 배웠습니다. 그렇게 배운 비구스님이 지관 스님, 월운 스님입니다. 그래서 그때 거기에서 보았지요.

해인사에서 만나지 않으셨나요?

● 해인사에서도 만났겠지만, 세월이 너무 가서 세세한 기억은 없어요.

서울에서 종단 활동을 할 때의 지관 스님과 연관된 추억은 무엇이 있습니까?

● 제가 종회의원을 할 때였는데, 그 시점은 기억을 하지 못하는데 지관 스님이 나에게 편지를 보낸 적이 있습니다. 그 내용이 무엇이냐 하면, 제가 종회의원인데 종회가 다 끝나기 전에 운문사로 내려간 것에 대해 다른 종회의원 스님들이 시비를 하였다는 것을 알려준 것입니다. 저는 여기 운문사 강원의 학인들을 가르쳐야 하니깐 종회가 끝나기 전에 미

지관 스님이 명성 스님에게 쓴 편지(1994. 7. 20.).

리 내려오는 경우가 있었습니다. 저에 대한 시비가 있다는 것을 알려 준 것은 저를 배려해 준 것이지요.

스님의 편지글 모음집의 책에 지관 스님이 스님에게 보낸 편지 2건이 나옵니다. 거기에는 지관 스님이 스님을 '석란 스님'이라고 썼습니다. 그 전후 사정을 말씀해 주세요.

● 제가 청룡사에 있을 적부터 서예를 배웠습니다. 그래서 국전 입선도 하고 그랬지요. 제가 붓글씨를 쓸 때 쓴 필명이 '석란(石蘭)'입니다. 그 이후에 제가 법호를 '법계(法界)'라고 쓴 이후의 붓글씨에서 한글로 쓸 때는 석란으로, 한문으로 쓸 때는 법계로 나누어서 쓰고 있지요.

스님과 지관 스님은 강백이라는 공통점이 있어요. 그리고 강원에서 공부를 했지만 두 스님은 동국대에서 박사학위를 받았습니다.

● 그렇지요. 지관 스님에게 누가 불교에 대해 물으러 오면 '나도 스님으로서 박사이지만, 저기 지방에도 스님으로서 박사가 된 사람으로 명성 스님이 또 있다'고 하면서 저를 소개하였다고 그랬습니다. 은근히 저에 대한 선전을 하고, 스님으로 박사가 된 것을 자랑하고 그랬대요. 지금은 스님 박사가 흔하지만, 그 시절에는 박사 받는 것이 희귀했지요. 여기 운문사에 교수스님이 열 명인데, 여섯 명이 박사입니다. 요즈음은 박사가 너무 많이 나와요.

지관 스님의 강의나 법문을 들으셨지요.

● 그럼요. 1982년 여름 진관사에서 비구니 계율 특강 법회가 열렸어요. 자운 스님이 증명으로 계셨는데, 그때 강의가 1주일간 있었는데 지관 스님이 강의를 하셨지요. 인홍 스님, 혜춘 스님도 듣고 그랬습니다. 그리고 이곳 운문사에서 비구니 재교육을 하였는데, 그때도 지관 스님이 와서 특강을 해주셨습니다. 그러면 자연히 저도 듣게 됩니다. 특강을 한 스님으로는 법정 스님도 와서 해주셨고, 그 이후 무비 스님도 와서 『유마경』 특강을 하였습니다. 제가 비구니회 회장을 할 때 무비 스님을 초청하면 와서 해주셨어요. 훌륭한 스님들이 오셔서 수고를 해주셨지요.

지관 스님의 저술에서 영향을 받지 않으셨나요.

● 당연히 받았지요. 제가 비구니 수계 계단에서 10년간 교수사로 비구니들에게 계율 강의를 했습니다. 그럴 때 저는 지관 스님이 쓴 계율 책을 보고 하였으니 많은 도움을 받은 것입니다.

지관 스님이 비구니 명사 제도를 처음 만들 때 큰 도움을 주었다고 합
니다. 이에 대한 이야기를 들려주세요.

● 지관 스님이 총무원장을 하신 것은 아는데, 비구니 명사 제도를 만드
는 것에 도움을 주었다는 구체적인 내용은 잘 몰라요. 도움을 주었을
가능성이 많다고는 볼 수 있지요.

지관 스님의 『가산불교대사전』의 불사에 도움을 주셨나요.

● 저는 지관 스님이 하시는 사전 작업에 1천만 원씩 여섯 번을 기부했
습니다.

경국사와 가산사전을 만드는 가산불교연구원에 가 보셨나요.

● 경국사에는 지관 스님이 살아 계실 때 몇 번 가 보았습니다. 그러나 스
님이 입적한 이후에는 가지 않았지요. 서울 대학로에 있는 가산불교연
구원은 한번 가 보았습니다. 통도사 내원암에 서 있는 수옥 스님의 비석
을 세울 때 연구원으로 찾아가서 수옥 스님의 비문을 지어 달라고 부탁
을 하기 위해 갔지요. 지관 스님의 사전 작업을 도운 현원 스님은 여기
운문사 강원 출신입니다. 지관 스님이 열반하시기 전에 현원 스님이 사
전 작업을 주관하라는 유언을 하셨다는 말을 간접적으로 들었습니다.

스님의 화갑 기념 『불교학논문집』(1991)에서 축하의 글(賀書)을 지관
스님이 쓰셨어요. 이에 대한 소감은 어떠신지요.

● 그거야 당연히 매우 고맙지요. 지관 스님이 쓰신 그 글을 보면, 저에 대
해서 높이 평가해주시는 내용이 나옵니다. 그리고 저의 칠순 기념 논문집
에서는 그 당시 동국대 총장인 송석구 총장이 축하 글을 써 주었습니다.

명성 스님이 지관스님이 운영한
가산불교문화연구원에 기부하였음을 보도한
『불교신문』의 기사(2006. 6. 14.).

지관 스님과의 만남 중에서 기억하는 것이 있다면.

● 하얀 두루마기를 입고 다니는 도올 김용옥이라는 사람이 『금강경』 강의를 아주 잘했어요. 그래서 제가 아주 장하다고 생각하고, 지관 스님에게 김용옥이라는 사람에게 공양 대접을 한번 내고 싶으니까 같이 하시자고 그랬어요. 그래서 같이 식사를 하게 되었는데, 지관 스님이 '스님이 왜 내느냐'고 하면서 당신이 내야 한다고 하면서 식비를 치렀어요. 그런 일이 있었지요.

지관 스님의 영결식에 가 보셨나요.

● 해인사에서 열린 영결식은 가지 못하였습니다. 그러나 해인사 홍제 암에서 있었던 지관 스님의 비석 제막식에는 참가하였지요. 제막식에 비구니로는 저 혼자였던 것으로 기억합니다. 그때 김 교수가 지은 『자

운대율사』 책을 배포하지 않았습니까?

설정 스님의 총무원장 시절, 비구스님과 비구니스님 중에서 승가 교육
에 공로가 많은 강사스님들을 포상하지 않았습니까. 스님도 그 대상자
로 상을 받으셨는데 소회는 어떠하신지요.
● 종단 차원에서 그런 관심을 가진 것이 대단한 것입니다. 그런데 조금
은 늦었다고 볼 수 있지요. 그때 총무원에서 수상자에게 1인당 5백만
원의 상금을 주었습니다. 저는 그것을 어느 비구 노스님의 수행비로
보시한 기억이 나네요.

지관 스님은 어떤 스님으로 볼 수 있나요.
● 그 스님은 학승이라는 명성을 갖고 삶을 회향하신 스님으로 보고 싶
습니다. 모든 일에 성실하셨고, 공심이 대단한 분이었습니다.

숭산

포교의 열정을
알려주신 스님

조계종 총무부장
화계사 조실
세계적인 포교 실천

숭산 스님과의 추억은 어디에서 시작되셨습니까?

● 제가 진주에서 운허 스님에게 배울 적에 불교정화운동이 일어났습니다. 그래서 서울에 와서 참여를 했지요. 그 후인, 1960년 가을에 불교정화운동이 또 일어났습니다. 이때는 제가 선암사에서 강사로 있을 적인데, 당시에도 서울에 와서 참여를 했어요.

그때 정화운동 현장에서 숭산 스님을 만났어요. 그때 종단 총무부장이었습니다. 비구, 비구니스님들이 조계사 대웅전에서 단식기도를 하고 있었는데, 숭산 스님이 나와서 '지금 대법원에서 스님들이 할복을 하고 있다'는 것을 발표했습니다. 그래서 대중들은 보슬비가 내리는데 대법원으로 막 뛰어서 갔어요. 대법원 마당에서 정화운동 구호를 외치고 그랬는데, 경찰이 트럭에 타라고 해서 탔습니다. 저는 우리를 조계사에 데려다주는 줄 알고 탔더니 경찰서의 구치소에 가두더라구요. 거기에서 이틀을 있다가 나왔습니다. 그때 월주 스님은 법원 청사에는 안 들어가고 밖에서만 데모를 주동했는데, 2021년에 입적을 하였지요.

승산 스님과의 인연이 그 후에 구체적으로 나타난 것은 무엇인가요.

● 그것은 아무래도 제가 청룡사에 있을 적에, 스님이 하시던 『선가귀감』 강의를 제게 맡긴 것입니다. 그때 스님은 종단의 교무부장인가? 간부를 하시다가 외국(홍법원)으로 떠나시면서 당신이 하시던 강의를 중단하게 되었으니 저에게 맡긴 것입니다.

그런데 왜 스님에게 그 강의를 맡기셨나요? 그 이전에 뵙거나, 어떤 인연이 있지 않았을까 합니다.

● 글쎄요. 지금은 그에 대한 뚜렷한 기억이 없어요. 아마 제가 청룡사에서 비구니 강원의 강사로서 강의와 법문을 한다는 소문을 들었을 수도 있어요. 그리고 그 이전에 제가 정화운동 당시에 선학원, 조계사에서 법문을 한 것을 알고 있었지 않았을까 해요. 아마 제가 서울 시내에

미국 뉴욕에서 숭산 스님, 광우 스님과 함께. 세계일주로 뉴욕을 들른 명성 스님을 숭산 스님은 친절하게 안내를 하였다.

있으면서 청룡사 강원에서 강의를 한 것이 널리 알려지지 않았을까 합니다. 자연적으로 제가 소문이 난 모양이에요. 다른 이유는 없고, 제가 그때 법문을 많이 한 것을 아시고서 맡긴 것으로 봅니다.

스님이 세계 여행을 하실 때, 미국에서 숭산 스님을 만나시지 않으셨나요.
● 만났죠. 제가 광우 스님과 함께 약 6개월 동안 세계여행을 했는데, 당연히 미국에도 들렀지요. 그때 제가 뉴욕의 원각사에 갔는데 동국대 부총장을 지낸 법안 스님과 숭산 스님이 계셨어요. 그런데 당신들께서 법문을 하지 않고, 우리에게 법문을 하라고 시키더라구요. 그러면서도 우리 법문을 끝까지 다 듣더라구요. 그게 쉬운 일이 아닙니다. 보통 스님들은 자존심이 있어서 비구니들에게 그리 안 시킵니다. 그런데 그 스님들은 딱 듣더라구요. 그리고 뉴욕 지방의 중요한 곳을 직접 일일이 안내해 주셨어요. 우리가 열심히 해서 그런 대접을 받은 것이 아닌가 합니다.

숭산 스님은 화계사에 머물면서 종단 활동을 하시고, 조실로도 계셨어요. 즉 화계사에서의 인연이 많습니다. 스님께서는 화계사에 가 보셨습니까?
● 몇 번 가 보았습니다. 한번은 화계사에 가서 교육에 관한 발표를 하였습니다. 승가 교육에 대한 세미나를 할 때로 기억하는데 법정 스님, 천안에 있는 법인 스님, 그리고 제가 발표를 하였어요.

스님은 승가 교육에 대한 발표, 기고를 많이 하셨습니다.
● 그래요. 비구니 교육에 대해서 여러 곳에 기고를 했지요. 한번은 고광덕 스님이 종단 총무부장을 할 때 총무원 청사에서도 발표를 했습니

다. 그때 총무원 청사는 동국대에 있었습니다. 제가 비구니 교육의 장 단점을 여러 가지를 발표했고, 종범스님은 비구 교육을 발표했지요.

총무원 청사가 동국대에 있을 적이면 1970년대 초반경으로 보입니다. 그 무렵 스님이 종회의원을 하셨지요.

● 지금은 비구니 종회의원이 열 명이나 됩니다. 그러나 당시에는 저 혼 자 할 때도 있었어요. 저는 추천을 받아서 다섯 번이나 했어요. 비구니 교육에 대해서 발표를 하는데 이상한 비구스님이 그만하라고 그랬어 요. 그러나 저는 그 스님에게 가만있으라고 하고는 끝끝내 다 했어요. 그런 일이 있었습니다. 그 무렵에는 총무원이 조계사와 개운사에 따로 있었습니다. 총무원이 두 개 있었어요.

승산 스님은 운문사에 오셔서 초청 강의를 하셨나요.

● 여기에 외국인 제자들과 함께 오셔서 법문을 한번은 하셨지요. 그러 나 세계를 무대로 활동하셨기에 자주 모실 수는 없었습니다.

승산 스님 법문을 외부에서 들어 보셨습니까?

● 더러 들었는데 구체적인 내용은 모르겠어요. 그게 언제인가는 기억 이 안 나는데, 한번은 서울 하얏트 호텔에서 승산 스님이 주관한 행사 가 열렸습니다. 거기에 가보니, 각국에서 온 옷감의 천을 대중들 앞에 서 전시를 해 놓았더라구요. 그것은 각 나라에서 온 승산 스님의 제자 들이 갖고 온 것이었습니다.

승산 스님이 스님에게 보낸 엽서가 많다고 알고 있습니다.

숭산 스님이 명성 스님에게 보낸 엽서. 명성 스님이 강백으로
학인스님들을 가르치고 있는 것을 높이 평가하는 내용들이다.

● 숭산 스님이 이곳 운문사로 저에게 보낸 엽서를 보관하고 있는데 66 통이나 됩니다. 그것은 스님께서 전 세계를 다니시면서 포교를 많이 하셨는데, 포교 장소를 옮기시거나 스님의 근황에 변동이 계실 때, 제 안부를 궁금해하실 때는 꼭 엽서를 써서 보냈습니다. 어디에서 어디로 간다는 엽서를 써서 보냈어요. 그런데 저는 스님에게 답장을 하지 않았어요.

요즈음, 엽서 혹은 편지를 하는 문화가 사라졌어요.
● 그래요. 사람들이 낭만, 여유가 없어졌고 정서가 메말랐어요. 저는 스님, 제자, 재가자 등 여러 사람에게서 온 편지를 다 보관하고 있습니다. 그런 것을 정리하고, 묶어서 편지글 모음집(『꽃의 웃음처럼 새의 눈물처럼』)도 냈습니다. 요즈음은 사람들이 편지도 안 하고, 목소리도 내지를 않고 문자로 전하는 그런 시대입니다. 정보화 시대가 되어서 그런지 단순 통보만 하고 있어요.

숭산 스님이 입적하신 직후, 영결식에는 참석하셨습니까?
● 가 봤지요. 그때 영결식의 법문은 인천의 송담 스님이 했어요. 송담 스님은 전강 스님의 상좌입니다. 그리고 숭산 스님의 은사는 박고봉 스님입니다. 고봉 스님과 혜봉 스님과 인연이 있어요.

숭산 스님의 전 세계적인 포교 업적은 평가를 해주어야 합니다. 스님의 생각은 어떠신지요.
● 그렇지요. 스님의 전 세계적인 포교 활동은 대단했어요. 스님의 그런 행보는 역사적인 평가를 후대에서 해주어야 합니다.

법정

수행자의 근본을
추구한 스님

불교신문 논설위원
동국역경원 편찬부장
송광사 불일암 수행
『무소유』 등 수십 권의 저술

스님은 언제, 어디에서 법정 스님을 처음으로 만났습니까?

● 내 기억으로는 법정 스님이 봉은사에 계실 적에 찾아간 것입니다. 그 때는 고광덕 스님이 봉은사 주지로 있을 때입니다. 뚝섬으로 가서 배를 타고 봉은사로 갔는데, 봉은사 다래헌에 법정 스님과 동국대 부총 장을 한 법안 스님이 같이 있었습니다.

봉은사로 찾아간 용건은 무엇인가요?

● 제가 일어로 된 『유식강요』와 『구사론대강』을 번역했습니다. 그 번 역한 원고를 윤문 좀 해달라고 부탁을 하기 위해 간 것입니다. 그때 그 곳에서 하동산 스님의 상좌인 범어사 원두 스님도 만났지요.

스님의 저술인 『구사론대강』(1972)의 서문을 보면 법정 스님이 윤문해 주었다고 나옵니다. 이에 대한 이야기를 듣고 싶습니다.

● 저는 제가 번역하거나 쓴 책을 법정 스님에게 보내서 윤문을 받고 자 문을 받았습니다. 그랬더니 스님께서는 한문으로 하지 말고, 가급적이

법정 스님이 명성 스님에게 보낸 편지. 명성 스님의
『구사론』 원고의 윤문이 늦어진 것을 알리는 내용이다.

면 상용어는 우리말로 부드럽게 하는 것이 더 좋다고 하셨어요. 그런 지
침을 주었습니다. 그런 윤문의 요체를 말씀했지요. 한문으로 하면 오탈
자가 나오게 되는데 그런 것에 너무 신경을 쓰지 말라고도 했지요.

스님의 화갑 기념 『불교학논문집』(1991)의 후기(「논문집을 발간하며」)를
보면 법정 스님이 자상하게 원고를 검토해 주셨다고 나옵니다. 이에
대한 내용을 듣고 싶습니다.
● 아마 그것은 제가 보내지 않고, 제 화갑 기념 논문집을 편집하고 만든
제자들이 그 원고를 법정 스님에게 보내서 자문을 받았을 것입니다.

법정 스님은 『무소유』라는 책으로 유명해지셨어요. 스님께서는 그 책
을 읽으셨지요. 그 밖에 읽었던 법정 스님의 책이 있다면 무엇인가요?
● 저는 법정 스님이 지은 책은 거의 다 구해서 책장에 꽂아 놓고서 하

나하나 거진 다 읽었습니다. 스님 저서는 다 읽었지요. 그리고 인연이 있는 사람들에게도 보시하고 그랬어요.

법정 스님은 운문사에 몇 번 오셔서 운문사에서 특강을 한 것으로 알고 있습니다. 기억이 나시는 대로 회고를 하여 주시지요.
● 법정 스님은 이곳 운문사에 두서너 번 오셔서 특강을 해주셨습니다. 스님은 운문사의 운력이 인상적이라고 하시고, 그리고 음식이 너무 짜다는 지적을 하셨지요.

법정 스님은 운문사에서 발간하는 잡지 『운문』에 기고를 하였습니다. 『운문』 4호(1983.4)에 나온 법정 스님의 글 「운문강원 자매들에게」를 보면 학인들에게 당부한 내용이 나옵니다. 그는 쓸모있는 공부를 해야, 개성과 특색이 있는 수행자로, 여성의 속성을 벗어나야, 대중과 살면서도 은자처럼 살아야, 날마다 새롭게 피어나는 수행자가 되어야 한다고 당부했습니다. 이에 대한 것을 기억하십니까?
● 하여간 법정 스님은 운문사 강원, 학인에 대한 관심이 많았습니다. 지금 생각이 나는 것은 스님이 운문사에 오셔서 비로전의 비로자나부처님을 보고 평한 것입니다. 그것은 비로자나부처님의 형상이 특히 다리를 꼬고 있는 모습이 자연스럽다고 하신 말씀입니다.

법정 스님이 운문사의 원가(院歌)를 윤문하였다고 저는 알고 있어요.
● 그것은 사실입니다. 여기 운문사 강원 졸업생 중에 행법이라고 있어요. 그 스님이 원가를 지었어요. 그렇게 지어진 원가를 법정 스님의 감수와 윤문을 받아서 보완했어요.

스님의 편지글 모음집의 책에는 법정 스님의 편지 네 개가 나옵니다. 편지에 의하면 명성 스님께서 법정 스님에게 선물(찻감, 대추와 모과차)을 보냈다는 내용이 나옵니다. 이에 대한 추억을 들추어 주세요.

● 제가 법정 스님에게 선물을 여러 번을 보낸 것은 사실입니다. 지금 기억으로는 여기 학인들이 만든 감잎차와 다식을 보낸 것은 생각이 나요.

법정 스님이 스님에게 보낸 몇 건의 편지가 스님의 책에 나오지만, 운문사에서 보관한 편지도 많다고 알고 있습니다. 이에 대한 소회를 말씀해 주세요.

● 법정 스님은 편지를 자주 보냈어요. 저에게 보낸 것이 66통이 될 것입니다. 제가 법정 스님보다 나이가 두 살이 더 많아서 저를 누이로 생각해서 그랬나, 그 내용은 당신의 근황, 소식, 개인적 고민, 종단 걱정, 수행자로서의 고뇌 등 다양합니다. 그리고 저에 대한 건강을 염려하는 것도 더러 있어요. 다른 스님에게도 그런 편지를 보내겠지만 저에게는 제가 보낸 선물에 대한 감사를 표하면서 자기 고민, 속마음, 고충을 털어놓고 그랬어요.

법정 스님은 스님에게 편지를 많이 하셨는데, 스님께서는 응답하는 편지를 보내셨는지요.

● 저는 편지를 잘 쓰지 못해요. 그래서 제 기억으로는 딱 한 번 써서 봉은사 다래헌으로 보냈습니다. 그것은 안부를 묻는 것이었고, 윤문해 준 것에 대한 감사의 뜻을 전한 것으로 생각이 나네요.

송광사의 현호 스님과 법정 스님, 그리고 이평래 교수가 함께 운문사

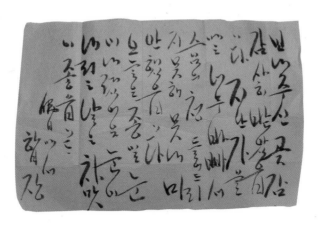

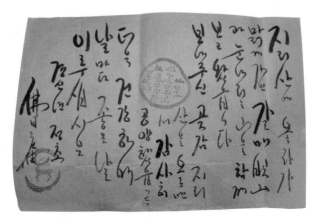

법정 스님이 명성 스님에게 보낸 편지. 보낸 준 선물에 대한 감사의 뜻을
전하면서 개인적인 근황과 고민을 털어 놓은 내용이다.

송광사를 참배하고 학인들과 기념 촬영.

에서 하룻밤을 머물렀다고 하는데 기억을 하시는지요.

● 어렴풋하게 생각은 납니다. 그리고 법정 스님은 작가인 정연희라는 분과도 운문사에 같이 왔어요. 그분과 같이 다니더라구요. 법정 스님은 운문사에 와서 제가 하는 일을 보아서 그랬는지. 편지에는 건강을 챙기라고 당부하는 내용이 가끔 나와요. 학인들 교육에 너무 과로하지 말고 쉬어 가면서 하라고 그랬지요.

법정 스님의 육성 법문을 운문사 밖에서 들어 보셨습니까?

● 외부에서 하신 법정 스님의 법문은 별로 안 들었어요.

스님은 송광사의 불일암을 방문하셨는지요.

● 몇 번은 다녀 왔어요. 그러나 세월이 너무 흘러 그 전후사정에 관련된 것은 잘 모르겠어요.

서울 길상사에는 가 보셨나요.

● 자주 가지는 않았지만 몇 번 가 보았어요.

법정 스님은 출가하기 위해 당신을 찾아온 여성들을 운문사로 보낸 일이 있다고 합니다.

● 아마 그랬을 거예요. 그런데 시간이 많이 가서 구체적인 것은 생각이 나지 않습니다.

법정 스님이 오법안 스님과 함께 안양 보장사에 가서 관응 스님을 만난 소회의 기록이 있어요. 그 기록에는 관응 스님을 '사는 멋이 있는 분'이라고 하셨어요.

● 그랬어요. 그렇게 존경을 하였네요. 그래서 그런지 관응 스님이 입적하신 후에 직지사 중암에 세운 비석의 비문을 법정 스님이 쓰셨습니다.

가장 기억에 남은 법정 스님의 어록을 든다면, 무엇일까요?

● 저는 법정 스님 말씀에 "용서는 가장 큰 수행이다. 남을 용서함으로써 자신이 용서를 받는다"는 것을 가장 인상적인 말씀으로 봅니다. 이

말씀을 학인들을 교육할 때 참고했어요. 저도 학인들이 규칙을 지키지 않고, 문제를 일으키면 짜증이 나지요. 그러나 그냥 가만히 있지요. 거울에 내 얼굴을 비추면 보이다가도 거울을 치우면 아무것도 없어요. 이것처럼 선도 없고, 악도 없어요.

제가 말하는 용서에 대한 말의 근원은 법정 스님의 말씀에서 나온 것입니다. 지금도 그 말을 자주 해요. 저는 용서를 잘 해요. 다른 사람은 용서를 잘 안 하는 것을.

법정 스님이 입적하셔서 열린 송광사 영결식에 참석하셨습니까?
● 송광사에서 있었던 영결식에는 가지 않았습니다. 하지만 스님이 입적하셨다는 속보를 접하자마자 바로 길상사에 가서 조문을 했습니다. 아마 제가 제일 먼저 조문했을 거예요.

스님이 입적하기 이틀 전에 삼성병원에 가서 문병을 했어요. 그때 상좌스님이 저에게 간병하는 상좌스님들의 거처로 바로 인근에 있는 법룡사(비구니회관)를 배려해 달라고 했습니다. 그때 제가 비구니회장이어서 그런 상의를 한 것이지요. 그런데 바로 입적을 하셨지요.

법정 스님의 정신을 후배스님들에게 이야기를 해주신다면.
● 법정 스님은 스님으로서, 수행자로서의 근본 문제를 고민하고, 그를 실행하려고 노력한 스님으로 보고 싶네요.

명성 스님 수행록

활안

함께 배운 스님

동국대 불교학과 졸업
상락향수도원 설립
금강선원 설립, 총재
불교통신대학, 불교정신문화원 운영

스님의 동국대 불교학과 동창생인 활안 스님에 대한 기본적인 내용을 들려 주시지요.

● 활안 스님은 저와 같은 학번으로 불교학과에서 같이 배운 스님입니다. 학교에 다닐 적에는 속인으로 한정섭이라고 불렸지만, 말년에 출가를 해서 지금은 활안(活眼) 스님으로 불리고 있습니다. 그 분은 1938년생으로 전라도 무안 출신입니다. 송광사와 인연이 많은 분으로 알고 있는데, 금강선원 총재를 역임하고 다양한 포교 활동을 하신 훌륭한 포교사이십니다.

그리고 『불교설화문학 대사전』 등 불교에 대한 책을 150여 권이나 펴냈으며, 문서 포교에 큰 업적을 내신 분입니다. 나아가서는 태국, 몽골, 미국 등지에 가서 포교 활동을 하신 분입니다. 2005년에는 몽골 대통령으로부터 그 공로를 인정받아 세계 평화의 상도 수상하셨지요.

불교 포교에 큰 업적을 낸 스님이군요.

● 그렇지요. 제 동기생 중에는 쟁쟁한 분들이 많이 배출되었습니다. 동

국대 교수를 지낸 박선영 교수, 미국 로얄 한의과대학 총장을 지낸 조
재호 선생, 군포교의 개척자인 김봉식 선생, 청담고등학교 교장을 역
임한 이근우 선생, 한일불교문화 교류에 진력한 홍파 스님 등입니다.
홍파 스님은 지금 관음종 종정이 되었습니다.

활안 스님과의 인연 중에서 들려 주실 것이 있으십니까?

● 활안 스님은 저와 같이 동국대에서 배운 스님인데 동국대 재학 시절
에 한문을 잘하는 할아버지에게 저를 소개를 해줬어요. 그래서 제가
그 할아버지에게 노자 『도덕경』과 유교 경전을 배웠습니다. 그 할아버
지는 이경현이라는 분인데, 동국대 후문 근처에 있는 어떤 집에 가서
배웠습니다. 활안 스님의 안내로 공부를 하게 되었죠.

노자 『도덕경』을 배우게 되어 어떤 영향을 받았나요?

● 저는 선암사 강원에서 강사를 지냈고 불교학과에서 배우다 보니, 불교의 내전 즉 경전을 주로 보게 되었죠. 그런데 이경현이라는 노장에게서 한문 고전을 배우게 되면서, 불교의 외전 특히 유교에 대한 새로운 사실을 알게 되어 유교의 인식을 새롭게 하게 되었습니다. 그 노장에게서 배울 때에는 저 혼자 단독으로 배웠고, 배운 기간은 서너 달쯤으로 그리 오랜 기간은 아니었어요.

활안 스님은 동국대 재학 시절, 인도철학과의 이기영 교수님에게 배우면서 큰 감명을 받았다고 합니다. 혹시 스님께서도 이기영 교수에게 배운 적이 있나요.

● 저도 활안 스님과 함께 이기영 교수님에게 배웠지요. 내가 운문사 주지를 할 때, 이기영 박사님이 운문사에 와서 특강을 한 적이 있습니다. 그때 관응 노스님도 계셨어요. 이기영 박사님이 강의를 하면 관응 스님이 듣고, 관응 스님이 법문을 하시면 이기영 박사가 들었어요. 운문사 대중들도 그 강의와 법문을 다 들었지요. 저도 들었구요. 두 학자간의 진지한 강의를 대중은 진지하게 경청했습니다.

활안 스님은 스님보다 나이가 여덟 살이 적습니다. 그래서 스님을 누님으로 생각하고 여러 자문을 하고 배우고 그랬다고 합니다.

● 그래요? 아마 모든 학생들이 저를 누이로 생각하였을 것입니다. 그래서 의문점이나 모르는 것이 있으면 저한테 와서 많이 묻고 그랬어요. 무진장 스님이라고 있지요. 그 스님도 의문점이 있으면 저한테 와서 질문을 하고 그랬습니다.

활안 스님의 주거처인 상락향수도원(경기도 가평)에 가 보셨나요?

● 한 번 갔었습니다. 동국대 불교학과 동문회가 거기에서 열렸어요. 그때 동문회 회의가 있어서 동창생들과 함께 갔었지요. 그러나 법문은 하지 않았어요.

활안 스님을 운문사에 초청하여 특강을 하셨는가요?

● 내 기억으로는 초청 특강은 하지 않았습니다. 왜 안 하였는지는 잘 모르겠습니다. 운문사에 온 적도 없는 것 같아요.

활안 스님은 많은 저서를 냈는데, 그 책을 스님에게 보내 주셨지요.

● 몇 권은 받은 기억이 있어요. 그 중에서 『유마경과 승만경』(불교통신교육원, 2000)이라는 책을 보내 주었는데, 제가 그 책을 갖고 여기 운문사 대학원 교재로 수업 시간에 활용했습니다. 수업을 마치고 나서 내용이 좋은 책이라고 해서, 학인들이 활안 스님에게 선물을 보낸 적이 있어요. 저는 최근에 펴낸 『법계명성 전집』을 보내 주었지요.

활안 스님은 스님이 보내 주신 도자기를 지금도 책상에 두고 있대요. 그 도자기에는 스님의 붓글씨가 새겨져 있다고 합니다.

● 제가 쓴 붓글씨를 새겨 넣은 도자기를 만들어서 여기저기 아는 스님들과 교수님들에게 나누어 주고 그랬지요. 동국대 홍정식 교수님도 제가 보낸 도자기를 보관하고 있더군요. 그리고 태국에 갔더니 어떤 교수님의 방에도 제 작품이 놓여져 있는 것을 보았습니다.

몽골 대통령으로부터 세계평화의 상을 수상하는 장면(2005. 10. 13), 몽골 불사에 기여한 공로로 받았는데, 몽골불교의 정신적인 지도자가 되어 줄 것을 부탁받았다.

동국대 불교학과 동문회가 주관한 자랑스러운 동문상(2006)을 수상하는 장면.

활안 스님이 활동하는 공간에서 만난 적은 없었나요?

● 제가 몽골에 두 번을 갔습니다. 몽골에 갔을 때 활안 스님이 그곳에서 활동하고 있다는 이야기를 듣고 그 스님의 방으로 찾아갔어요. 그런데 부재중이어서, 다녀갔다는 메모만 남기고 나온 적이 있습니다.

활안 스님은 청룡사에서 법회를 2년간 봐주었다고 합니다. 그때 청룡사 주지인 윤호 스님께서 스님에 대한 좋은 이야기를 하시는 걸 들었다고 하네요.

● 그래요? 내가 청룡사에서 10년간 강원의 강사로 봉사를 해서 그렇게 좋은 말씀을 해 주신 것 같군요.

활안 스님은 불교통신대학을 운영하였는데, 그곳에서 배운 여성이 출가를 하겠다고 해서 찾아온 적이 있답니다. 그때 운문사와 스님에 대해 소개하고, 이후 스님께 배려해 달라는 편지를 써주었답니다. 그 인연으로 운문사에서 출가하여 스님이 되었다고 저에게 이야기를 해주셨는데, 혹시 기억을 하시는지요?

● 그래요? 잘 모르겠어요.

활안 스님은 스님을 동창생으로만 보시지 않고, 어려운 환경을 이겨내고 비구니 교육을 통해 불교에 기여한 개척자로 높은 평가를 하고 있습니다. 그래서 당신의 저서인 『산도 설고 물도 설고』(불교통신교육원, 2018)라는 책에 「비구니 명성스님」이라는 주제도 포함시켰어요.

● 그래요. 조금은 부끄럽네요. 활안 스님은 교리, 포교에 대한 책도 많이 냈어요. 그리고 불교 발전에 기여하였지만 세상에 잘 알려지지 않

은 분들(큰스님, 법사, 신도 등)에 대한 내용을 정리하여 책을 펴낸 분입니다. 이런 자료가 후일에 가서는 불교사의 자료로 활용될 것입니다.

활안 스님의 저서가 150권이나 되는 것은 놀라운 업적입니다.
● 맞아요. 그 스님이 소속이 조계종이 아니어서 그렇지, 조계종의 지관 스님과 월운 스님 같은 레벨로 볼 수 있어요.

최근에 활안 스님은 포교 활동에 너무 진력하여 심신이 쇠진해져, 상락향수도원에서 쉬면서 참선을 하시고 있습니다. 활안 스님은 스님의 동창생이지만 노구에도 그렇게 열심히 활동을 하셨습니다.
● 그래요? 우리 동창생 중에 더러 훌륭한 분들이 있어요. 일선에서 물러나 쉬신다니, 저도 매우 공감하는 마음이 큽니다. 저는 이 나이에 대학원 강의는 하고 있습니다만 이제 강의는 조금만 더 하고 안 하려고 합니다.

활안 스님을 어떤 스님으로 볼 수 있나요?
● 활안이라는 이름 그대로 불교계에서 혁혁한 활동을 한 것에 대하여 높이 평가를 합니다. 그 스님은 불교 교학의 홍포, 그리고 불교 포교 방면에서 큰 업적을 이루었습니다. 종단이나 누구의 도움 없이 홀로 불교 발전에 지대한 공로를 갖고 계신 분입니다. 음지에서 고생을 하면서도, 탁월한 업적을 성취한 분입니다. 즉 무소의 뿔처럼 매진한 학자, 포교사로 봐야 합니다.

본공

신심이
투철하였던 스님

견성암·지장암 수행
만공 스님에게 인가받음
대성암·국일암 입승

본공 스님은 스님의 노스님이시지요. 어디에서 처음 뵈었나요.

● 그것은 해인사 국일암입니다. 본래 저는 본공 스님의 상좌가 되라고, 관응 스님이 본공 스님이 계신 해인사 국일암으로 보냈어요. 그러나 본공 스님의 상좌인 선행 스님의 상좌가 되었지만요. 그때부터 본공 스님은 저를 참으로 아꼈어요.

본공 스님은 별명이 입승스님이라고 불릴 정도입니다.

● 선방의 입승스님은 선방의 법과 규율을 관리하는 스님입니다. 그래서 선방의 죽비를 잡고, 선방 대중들을 리드하는 스님입니다. 본공 스님은 어느 선방에 가도 입승을 봤어요.

선 수행을 하시면서도 기도를 잘하셔서, 신심이 투철하다는 평가가 있어요.

● 제가 모시고 있었던 다솔사 미륵암에서 그런 모습을 봤어요. 스님은 결제 철이 되면 선방에 가서 참선 정진을 하시고, 해제 철이 되면 다솔사 미륵암으로 오십니다. 그러면 해제 철에 기도를 지극정성으로 하십

니다. 그것은 신심에서 나온 것 같아요. 신심, 원력이 대단해요. 스님은 동방아를 벽의 못에 걸더라도 그 자세가 지극하십니다. 그런 검소한 모습을 보면 후배들이 저절로 배우게 됩니다. 선이 기도이고, 기도가 선이라는 소신을 갖고 계신 것으로 보면 됩니다.

미륵암 시절, 특별한 인연은 없으셨나요.
• 제가 미륵암에 있을 적에 본공 스님이 범어사 대성암으로 결제 수행을 하러 가십니다. 그러면 제가 스님의 걸망을 들고 따라가기도 했어요. 또, 해제가 되면 대성암에 가서 모시고 미륵암으로 모시고 오기도 했지요. 그럴 때 범어사의 큰스님이시고 종정을 역임하신 하동산 스님을 친견할 기회를 스님께서 만들어 주셨습니다. 그때 저는 동산 스님에게 화두(무몽무상시의 내 주인공은 무엇인고?)를 타서 지금도 그 화두로 정진을 하고 있습니다.

본공 스님은 오대산 한암 스님을 매우 신뢰하였다는 말을 제가 들었어요.
• 본공 스님은 한암 스님을 신(信)하였어요. 스님은 월정사의 지장암 선방을 만들었어요. 그 당시는 선방 수좌가 귀한 시절입니다.

본공 스님은 향곡 스님과도 인연이 있는데, 묘관음사에서 수행을 하였다고 합니다.
• 본공 스님은 여러 비구스님, 선방의 선지식들과 교류가 많았어요. 선방의 비구 수좌스님들에게 선의 지도를 받았어요. 그래서 비구스님들과 가까이 지냈어요.

서봉사에서 본공 스님과 함께 한 명성 스님.
좌측 첫 번째는 은사인 선행 스님, 두 번째는 본공 스님, 세 번째는 경희 스님이다.

오대산 지장암에서 만공 스님과 함께 한 본공 스님(1943.7.).
1열 좌측이 본공 스님이고, 중앙이 만공 스님이다.

스님은 선방에 가실 생각은 안 하셨습니까?

● 선방에 가야 한다는 생각은 있었지만, 제가 운문사에서 학인들을 가르치고, 강원을 운영해야 했기에 그럴 형편이 안 되었어요. 그래서 선방에 안 가면서도 화두를 들고 살아야 한다는 생각은 있었습니다.

　　선방에서 공부를 하는 선객들이 저를 만나고 다녀가면 촉진제가 됩니다. 나의 제자들도 선방에 가서 공부를 하는데, 저도 공부가 처지면 안 되니깐 나 스스로 화두를 챙기지요.

혹시 본공 스님의 유품을 보관하고 계십니까?

● 본공 스님은 입승스님으로 선풍 진작 운동을 하시다가, 1965년 59세를 일기로 일찍 열반에 드셨어요. 그때 스님의 영결식을 치르고 난

서봉사 사적비.
비문은 운허 스님이 짓고,
글씨는 명성 스님이 썼다.

이후, 문도 스님들이 모여서 회의를 했어요. 스님의 여러 문제를 상의하려구요. 그때 본공 스님의 주장자와 죽비를 권속 스님들이 제가 보관하라고 해서 지금껏 그것을 보관하고 있습니다.

그런데 그 주장자와 죽비는 본공 스님이 만공 스님에게 받은 것입니다. 그래서 본공 스님이 여러 선방을 다니시면서 입승을 볼 때 사용한 것입니다. 그러니 이것이 얼마나 소중한 것입니까? 만공스님에게 받은 게문, 편지 이런 것이 대구 서봉사에 원문으로 보관되고 있습니다. 그러니 만공스님이 본공 스님을 얼마나 아끼고, 인정을 하였는지를 알 수 있어요. 하여간 저는 그 죽비를 갖고 제가 정진을 할 때 지금도 사용하고 있지요.

다른 인연을 들려주시지요.
● 본공 스님은 1965년에 입적하셨어요. 더욱 큰일을 하실 나이인데 일찍 가신 것이지요. 본공 스님의 비석이 말년에 머물던 서봉사에 세워져 있습니다. 그 비석의 문장은 운허 스님이 쓰시고, 저는 그 문장을 저의 글씨로 썼고, 그것을 비석에 새겼지요. 제가 서예를 하기에 제가 존경하는 노스님의 비석의 문장을 쓴 것입니다.

본공 스님은 입적에 즈음해서도 경희 스님에게 명성 스님을 잘 도우라는 당부를 하였다고 합니다. 본공 스님의 스님에 대한 관심은 대단하다고 알고 있습니다.
● 본공 스님은 저를 편애한 모양이에요. 지나칠 정도로 저를 아끼시고 배려를 많이 하셨습니다. 그래서 서봉사 경희 스님에게도 저를 도와주라는 그런 말씀을 하신 것이 아닌가 합니다.

수옥

나의 학문적인 전통을
제공하신 스님

남장사 강원 강주
선암사 강원 원장
내원사 주지

수옥 스님을 언제, 어디에서 처음으로 만나셨습니까?

● 제가 수옥 스님을 처음으로 만난 것은 청룡사에서입니다. 아마 그때 청룡사에서 비구니 행사를 할 때 오셔서, 저와 만난 것 같아요.

수옥 스님은 어떤 스님이라고 평가할 수 있나요.

● 수옥 스님은 한국 현대 불교사에서 비구니 3대 강백으로 지칭된 스님입니다. 그런데 지금껏 수옥 스님에 대한 책과 논문이 미약해서 비구니계의 노장 스님들은 조금 알지만, 후배 비구니스님이나 일반 불자들에게는 널리 알려지지 않았어요.

수옥 스님의 행적을 간략하게 소개하신다면.

● 수옥 노스님께서는 수덕사 견성암에서 출가를 하셨지만, 일본 미농니중학림(美濃尼中學林)이라는 곳에 유학을 가셨어요. 거기에서 배우시고 나서는 귀국을 하여 남장사 관음암에 비구니 강원을 열었어요. 거기에서 광우 스님을 비롯한 중견 비구니스님들이 많이 배웠어요. 태구, 수

자호 스님(1열 좌측)과 함께 한 명성 스님. 자호 스님은 수옥 스님의 상좌이다.

선암사 강원의 학인들. 뒷줄 우측 세 번째가 명성 스님이다.

명성 스님 수행록

련, 덕수, 경순 스님 등이지요. 그래서 수옥 스님에게 교육을 받은 비구니스님들이 많아요. 그런 수옥 스님의 행적과 뜻을 제가 은근히 존경했어요. 그리고 제가 배운 선암사 강원의 원장도 수옥 스님이십니다.

수옥 스님이 비구니 강원을 열어서 후학을 양성하신 것을 높이 평가하셨군요.

● 그래요. 일제하의 그 어려운 세상에서 후배들을 많이 양성했고, 해방이 되어서는 서울 탑골(성북구 보문동)의 보문사에서 후배 비구니스님들을 가르쳤어요. 이런 정신을 제가 계승하려고 한 것입니다. 저도 운문사에서 후배 비구니들을 2천여 명이나 배출하지 않았습니까?

스님은 수옥 스님의 상좌인 자호 스님과도 특별한 인연을 갖고 계시지요.

● 그렇지요. 저는 그 스님을 불교정화운동의 현장인 서울에서 만났어요. 비구니스님들을 운동의 현장에서 이끈 스님입니다. 의협심이 강하고, 대중 지도를 잘하신 분입니다. 서울 개운사와 순천 선암사를 오고가면서 정화불사 때 비구니들을 이끌었어요.

저는 이 스님과 선암사에 같이 있으면서 고락을 같이했습니다. 저는 재무, 자호 스님은 총무로서 거기에 있는 대처승들과 대치하고 그랬어요. 그러다가 비구니들이 대처승에게 패소를 해서 거기에서 나오게 되었는데 저는 청룡사로 가서 동국대를 다녔지요. 그런데 자호 스님은 그 이후 영은사로 들어가서 탄허 스님에게 배웠는데, 1965년에 그만 너무 일찍(40세) 열반에 들었어요. 그래서 종단에서 정화운동 공로를 기려 조계사에서 영결식을 하도록 배려했습니다. 이 스님이 오래살아 활동을 하였으면, 제가 전국비구니회장을 안 하였을 것입니다.

스님은 1983년에 수옥 스님에게 건당을 하시게 되었는데, 그 전후 사정을 들려주시지요.

● 제가 수옥 스님을 존경한다는 뜻을 내원사 주지를 역임한 수옥 스님의 상좌인 자광 스님에게 전했어요. 그랬더니 그 스님이 건당 인연을 만들어 주셨어요. 제가 수옥 스님을 존경했어요. 선배 강사이시고, 일본 유학도 다녀온 스님이 아닙니까? 그러니 보통 분이 아니십니다.

그래서 내원사에서 건당 의식을 했는데, 수옥 스님이 돌아가시고 안 계시니 대신으로 통도사의 조실로 계신 큰스님이신 월하 스님을 증명으로 모시고 했습니다. 그때 지금 종정으로 계신 성파 스님은 통도사 주지이셨는데, 함께 오셔서 그 의식에 동참하셨어요.

월하 스님은 수옥 스님이 경봉 스님과 한시를 주고받을 때 지은 『화산집』에 있는 수옥 스님의 한시를 저에게 전달하면서 건당식을 했어요. 그 게문은 통도사의 경봉 스님과 주고받은 대표적인 한시이지요. 그때 월하 스님은 '법희 – 수옥 – 명성'에게 내려오는 족보, 즉 조파(祖派)와 전법게를 써서 주셨습니다.

스님께서 1983년에 『화산집』을 보급한 것으로 알고 있어요.

● 초간본은 스님이 입적한 직후인 1966년 4월에 나왔어요. 그런데 제가 스님에게 건당을 하면서 재판으로 보급했는데, 말미에 「스님 영전에」를 붙여서 보급한 것입니다. 이 책은 1990년에 증보판으로 또 출간되었습니다.

스님이 수옥 스님의 비석 비문을 쓴 것으로 알고 있습니다.

● 그래요. 내원사에 있는 수옥 스님의 비석의 문장은 지관 스님이 짓

명성 스님이 수옥 스님에게 건당하는 장면(1986년, 내원사).
수옥 스님을 대신하여 명성 스님에게 건당게문을 전하는 월하 스님(통도사).

고, 그 글씨는 제가 쓴 것입니다. 그리고 서봉사의 사적비문은 운허 스님이 짓고, 그 글씨도 제가 쓴 것입니다. '명성이 쓰다'라고 나옵니다. 비구니로서 비석의 글씨를 쓴 것은 아마 제가 유일한 것이 아닌가 합니다. 비문을 쓴 비구니가 없어요. 희귀한 사례라고 볼 수 있지요.

수옥 스님의 기일 제사에는 내원사에 꼭 가시나요.
● 그럼요. 매년 꼭 가지요. 그런데 최근에는 코로나 사태로 인해서 못 갔습니다.

수옥 스님의 상좌들과는 인연을 이어 가십니까?
● 그 상좌인 자광 스님과 좋은 인연을 이어 가고 있습니다. 자광 스님이 제가 수옥 스님을 존경한다는 것을 알고 건당 인연을 만든 거예요.

내원사에 있는 수옥 스님 비석. 비문은 지관 스님이 짓고,
글씨는 명성 스님이 썼다.

은사 법희 스님을 모신 수옥 스님(1열좌측).

최근 수옥 스님의 문도인 원과 스님이 『불교학연구』 논문집에 수옥 스님의 유고집과 비문의 문장 오류를 분석한 논문을 기고하였습니다.

● 그래요? 원과 스님은 서울 승혜 스님의 상좌입니다. 저도 오류가 있다는 것은 알고 있어요. 몇 년 전에 수옥 스님의 문도인 자광 스님, 승혜 스님이 이곳 운문사로 저를 찾아와서 그 문제를 상의했어요. 그때 '비석에 그렇게 되어 있는 것을 어떻게 고치나' 하였지요.

수옥 스님의 생애, 사상, 공적 등을 집약한 자료집이 부재합니다. 더욱이 학술적 평가는 부족하다고 보는데 어떤 생각을 갖고 계십니까?

● 그것은 맞습니다. 현재에는 『화산집』밖에 없는 것이 아쉽지요. 김 교수가 수옥 스님에 대한 일대기, 자료집을 만들어 주시길 바랍니다.

윤호

오늘의 나를 있게
후원해 주신 스님

청룡사 중창
청룡사 주지
비구니 단일계단 증사

명성 스님 수행록

윤호 스님을 언제, 어디에서 처음으로 뵈었나요.

● 그것은 제가 선암사에서 공부하다가, 재판에서 대처승에게 패소해 서울 청룡사로 가게 되었는데, 그때 처음으로 뵌 것이지요. 본공 스님이 윤호 스님에게 연락해서 제가 거기에 있도록 부탁했습니다. 두 스님이 친하니깐, 윤호 스님이 날 받아 준 거예요.

스님은 청룡사에서 10년간 머물면서 동국대에서 공부를 하셨지요. 그때 윤호 스님의 도움을 많이 받으셨지요.

● 그래요. 저의 학비의 반은 윤호 스님의 배려로 청룡사에서 대주었습니다. 그래서 저는 청룡사의 거사들에게 『금강경』 법문을 해주기도 했어요.

스님은 청룡사에서 1960년부터 1970년까지 10년간을 강사로 활동하셨습니다. 그러면 청룡사 강원의 개설은 윤호 스님의 결단으로 이루어진 것으로 봐야 합니까?

청룡사 강원 졸업 기념(1961년). 명성 스님은 윤호 스님의 도움으로 청룡사에서 학인들을 가르쳤다.

명성 스님 수행록

● 그렇지요. 청룡사에 통학 강원이 설립되어서, 제가 학인들을 가르칠 수 있었던 것은 윤호 스님의 결단, 배려에서 나온 것입니다. 그런데 청룡사에 강원이 있다는 간판은 안 걸렸어요.

청룡사 강원의 정체성과 윤호 스님 후원을 말씀해 주시지요.
● 청룡사 강원은 한마디로 말하면, 통학 강원의 성격이지요. 서울 시내와 서울 근처의 절에 있는 비구니들 중에서 배우지 못한 스님들이 자발적으로 소문을 듣고 나에게 배우려고 온 것이지요. 청룡사 강원은 윤호 스님의 후원이 없었으면 열리지 못했어요. 그런 측면에서 윤호 스님의 비구니 승단에 대한 기여는 상당합니다. 청룡사에서 비구니들의 습의산림이 열렸고, 수계식도 있었습니다.

그때 지근거리에서 살핀 윤호 스님의 인품에 대해 회고하여 주세요.
● 윤호 스님은 공심(公心)이 있는 스님입니다. 이 말이 윤호 스님의 모든 것을 대변해 줍니다. 윤호 스님이 청룡사에서 좋은 일을 많이 했어요. 비구니 강원을 10년간 열었지요. 그리고 우담바라회가 탄생하도록 도왔고, 비구니계산림을 열었지요. 한마디로 말하면 청룡사는 우담바라회의 발상지입니다.

　　제가 석사학위 논문을 진관사에서 썼어요. 그러고 나서 졸업을 하고, 도와주고 심사를 해준 교수님들에게 청룡사로 모셔서 대접을 했어요. 그때 비용을 부담하고, 장을 봐오고, 음식 잘하는 비구니스님들을 붙여준 스님은 진관 스님이었어요. 그러나 그 장소를 제공한 것은 윤호 스님입니다.

윤호 스님은 신심과 생활 속에서의 계율을 강조하였다는 글이 있습니다.

● 윤호 스님은 생활 그대로가 계율이었어요. 그 스님의 일상생활은 계율이 반영되어 있다고 말하고 싶습니다.

청룡사에 금강계단이 개설되었다고 하네요.

● 그것은 1967년 경인가? 비구 율사스님들을 초청해서 비구니 계율법회, 계단을 개설하였습니다. 그때 자운, 일타 스님 등 큰스님들이 다 오셨어요. 그때 광우 스님도 비구니계를 받도록 했습니다. 제가 거기에서 『사미니율의』라는 책을 펴냈는데, 일타 스님의 『사미율의』를 보고 참고를 했습니다.

청룡사에서 우담바라회가 발기되었습니다. 우담바라회 발기에 대한 윤호 스님의 반응, 입장은 어떠하셨나요.

● 윤호 스님도 적극적으로 도우셨지요. 제일 많이 도왔어요. 그 회의 발기, 준비를 하려면 각처의 절, 비구니들에게 연락을 자주 해야 합니다. 그래서 윤호 스님이 연락에 필요한 전화를 구해 줬어요. 그 시절에는 전화가 재산으로 부를 정도로 아주 귀했습니다.

윤호 스님은 스님의 운문사 강사 취임을 결단코 반대하였는데, 어떤 연유로 나중에는 수긍을 하셨나요.

● 당신께서는 절대 안 된다고 불같이 강력히 반대하였지요. 내 눈에 흙이 들어가기 전에는 절대 안 된다고 하셨지요. 그러나 중진 비구니스님이 와서 간청을 하고, 그 후에는 서봉사 경희 스님이 또 올라와서 대의를 위해 저를 데리고 갈 수 있게 해달라고 간청을 하셨습니다. 그래

서 동의를 하신 것이지요.

청룡사에서 스님에게 배우던 학인 대부분은 스님을 따라서 운문사로 내려가서 배웠어요. 그런데 일부 학인은 잔류하고, 또 청룡사로 배우러 오는 경우도 있었어요. 잔류한 그 학인들은 어느 스님이 가르쳤나요.
● 청룡사에서 내게 배우던 학인들은 거진 다 따라 왔어요. 운문사로 내려왔습니다. 제가 떠난 이후에 대해서는 제가 잘 몰라요. 다만 그 사정은 제가 들은 것이 있어요. 탄허 스님이 청룡사에 입주하셨는데, 그때 배도원 스님에게 가르쳐 달라고 부탁을 하였대요. 그러자 도원 스님이 비구니스님들을 가르치기 거북하다고 사양을 하자, 자민 스님에게 부탁을 해서 자민 스님이 잠시 가르쳤다는 말을 제가 약간은 들었어요.

윤호 스님의 은사는 상근 스님이십니다. 상근 스님은 금강산(표훈사, 마하연, 신계사 등), 재운사, 청룡사, 월정사 등 여러 사찰의 불사를 하신 스님으로 유명하십니다. 혹시 들려주실 이야기가 없을까요?
● 홍상근 스님은 강원도의 여러 사찰, 금강산의 장안사와 신계사 등에 시주를 많이 한 스님이십니다. 그 스님은 재산이 많았는데 시주를 많이 하셨다는 것을 제가 윤호 스님에게 들었어요.
　　나의 노노스님으로 사득(四得) 스님이라고 계셨어요. 이 스님도 금강산에 계셨는데 재산이 많아서 절에 희사를 많이 했어요. 제가 비구니회장 시절에 금강산 신계사의 불사를 회향한다고 해서 같이 가보니 신계사에 돌에 사득이라고 새겨 있는 표석을 보았어요. 제가 그것을 금강산에서 보니깐 영광으로 생각했어요.

상근 스님은 불교 독립운동을 한 애국지사인 만해, 용성 스님 등 여러 스님을 후원하였다는 말도 있습니다. 그리고 윤호 스님을 애지중지 키웠다고 합니다.

• 그런 내용은 『청룡사지』에 나옵니다. 앞으로 그런 내용에 대한 것을 자료 수집해서 밝히고, 역사적으로 조명을 해야 합니다. 상근 스님이 동진출가한 윤호 스님을 금강산에 오고 갈 때 업어서 데려가고 그랬대요. 업고서 금강산 마하연에 갔다고 그래요. 이것은 제가 윤호 스님에게 직접 들은 것입니다.

윤호 스님은 금강산 마하연의 보덕굴에서 관음기도를 많이 하였다는 구전이 있어요.

• 스님이 금강산에서 수행하고, 기도를 하였다는 말씀을 들었어요. 그러나 구체적인 내용은 세월이 오래 되어서 잘 모르겠습니다.

윤호 스님은 만공 스님과 한암 스님 회상에서 수행을 하셨는데요. 두 큰스님에게 각각 법호와 게문을 받았다는 기록이 있습니다. 이에 대한 내용을 들은 것이 있으십니까?

• 글쎄요? 윤호 스님은 동진출가한 스님이세요. 그래서 비구 큰스님들에게 많이 배우고, 인연도 많고, 여러 큰스님을 많이 알고 계셨을 거예요.

상근 스님 입적(1951) 후, 청룡사 주지에 취임한 윤호 스님은 불사를 많이 하였다고 합니다. 이에 대해서 들은 것이 있습니까?

• 제가 청룡사에 입주하던 해인 1960년에 심검당, 우화루를 준공하였

다고 합니다. 하여간 윤호 스님이 불사를 많이 했어요. 저는 다른 절의 불사에도 후원을 해야 하겠지만, 앞으로 청룡사에서 불사를 하게 되면 많이 도울 작정입니다. 제가 오늘날 이렇게 성장하기까지의 청룡사와 윤호 스님의 도움을 생각해서 그렇게 하려고 합니다.

윤호 스님의 상좌 중에서 기억하시는 스님은 누구인가요. 맞상좌는 진우 스님이라고 하는데 인연을 이어가고 계신지요. 현재는 진홍 스님이 주지라고 합니다.

● 윤호 스님이 입적하고 그를 이은 주지가 진우 스님입니다. 그런데 최근에 진우 스님도 입적해서 진홍 스님이 주지가 되었죠. 진홍 스님은 동국대를 졸업하고, 대만에 가서 공부를 하여 1호 박사학위를 받은 스님입니다. 그런데 이 스님은 박사를 받은 후에 동대 강의도 안 하고, 대외 활동을 많이 안 했어요. 제가 청룡사에서 강원을 열 때 진우 스님도 저에게 조금 배웠고, 진홍 스님은 저에게 많이 배웠어요.

혹시, 선암사에서 스님에게 배우다가 스님이 청룡사에서 강원을 여니깐 따라와서 배운 스님은 없었나요.

● 있었지요. 그 대표적인 스님이 명우 스님입니다. 전국비구니회장을 역임한 명우 스님이 그런 대상입니다.

윤호 스님은 1972년에 『청룡사지』라는 사지를 발간하였습니다. 2010년에는 그를 보완한 사지가 새롭게 나왔는데 혹시 알고 계신지요.

● 저도 그 책을 보았고, 그 내용은 알고 있습니다. 그 책은 동국대 문명대 교수가 주관하여 펴낸 것으로 알고 있어요.

상원사 적멸보궁에서 한암 스님과 함께한 윤호 스님(1943년).
2열의 좌측 세 번째가 윤호 스님이고, 1열 좌측 세 번째는 본공 스님이다.

명성 스님이 운문사에서 첫 전강식(1985. 11. 9.)을 할 때 윤호 스님도 오셔서 축하를 하셨지요. 그때 인홍 스님, 광우 스님도 참가하였다고 보도되었어요.

● 그렇지요. 윤호 스님은 운문사에 큰 행사나, 불사 회향식에는 시간이 되시면 꼭 참석하셨어요. 저도 오시도록 주선을 하고 그랬습니다. 그래서 윤호 스님은 운문사에 관심이 많았어요.

윤호 스님의 조계종단, 비구니 승단에 기여한 것은 평가를 해주어야 합니다.

● 맞습니다. 윤호 스님이 비구니 승단에 기여한 것이 많아요. 그래서 제가 윤호 스님이 입적하셨을 적에 건의를 해서 스님의 장례를 비구니장으로 치루게 했습니다. 비구니장으로 하기 어렵거든요. 최근 나의 유발상좌인 남지심 보살이 근현대 불교계의 큰스님을 조명하는 책(『그리운 스승』)을 준비하고 있어요. 거기에 비구니스님이 30명이 선발되었는데, 대부분 입적하신 스님들인데 살아 있는 대상은 나 혼자입니다. 그런데 그 대상에 윤호 스님을 포함시켜야 한다고 제가 추천을 했어요.

윤호 스님의 영결식(1996년, 90세로 열반)에서 스님께서 조사를 낭독하셨지요.

● 제가 윤호 스님과 인연이 많아서 비구니스님들을 대표해 조사를 낭독했습니다. 저는 조사에서 영도자인 윤호 스님을 잃은 것은 비구니계의 큰 손실이라고 하였지요. 그리고 전국비구니회의 전신인 우담바라회가 청룡사에서 발기되었는데, 그때 수차례 회의를 하는 동안 윤호 스님이 물심양면으로 협조해 주셨다고 말했어요. 이런 것이 역사의 기록이 될 것입니다.

윤호 스님에 대한 연구가 되어, 윤호 스님을 주제로 하는 책의 발간이
추진되어야 하지 않겠습니까?

● 혜정 스님의 글이 『한국 비구니의 수행과 삶』에 기고되었는데, 거기
에 생애와 사상이 대략 정리되었습니다. 지금 주지인 진흥 스님이 윤호
스님에 대한 자료를 많이 모아서 연구의 기반을 만들면 좋겠습니다. 진
흥 스님은 제가 청룡사에서 가르칠 때 치문부터 대교과 과정을 배우고,
한국 비구니로는 최초로 대만 대학에서 박사학위를 받았습니다.

윤호 스님을 한마디로 표현하신다면, 어떤 스님이신가요.

● 윤호 스님은 공심(公心)이 많은 수행자이십니다. 대중을 위한, 좋은
일을 많이 한 스님이라고 보시면 됩니다. 비구니회를 위해 공헌한 바
가 많았어요.

광우

존경하였던
선배스님

정각사 회주
우담바라회 창립
비구니 별소계단 전계대화상
전국비구니회장

명성 스님 수행록

광우 스님을 언제, 어디에서 처음으로 만나셨습니까?

● 그게, 너무 세월이 많이 가서 생각나지 않아요. 그런데 광우 스님의 책에 6·25전쟁 때 광우 스님이 상주 남장사에서 저를 만난 것으로 쓰셨다고 하네요. 그러면 제가 출가하기 직전에 만난 것 같아요.

광우 스님은 비구니로서 동국대 첫 번째 재학생입니다. 그리고 스님은 세 번째 비구니스님이신데, 소감은 어떠신지요.

● 그런 면에서 광우 스님이 제 학교 선배님이지요. 그래서 저는 모든 면에서 광우 스님을 선배스님으로 모시고 배웠습니다.

광우 스님과 함께 청룡사에서 우담바라회를 창립시켰지요.

● 저, 광우 스님, 덕수 스님 우리 세 사람이 청룡사에서 우담바라회를 발기했습니다. 그때, 이선근 박사의 누이가 청룡사에 와서 비구니스님들도 사회 활동을 해야 한다고 강조했어요. 그 말을 들은 우리 세 스님이 마음을 내어, 합의를 하고, 발기를 한 것이지요. 이것은 분명한 사

실입니다. 그리고 우담바라회 직전에 청룡사에서 비구니 수계 법회를
해서 200여 명의 비구니들이 계를 받았습니다. 이때 제가 권해서 광우
스님도 계를 받도록 해주었어요.

광우 스님의 절, 정각사에 가보셨습니까?
● 정각사는 여러 번 갔습니다. 왜냐하면 우담바라회를 발기하여 만들
고, 모임을 결성하였기에, 그리고 비구니회장을 하면서 비구니회의 일
을 광우 스님과 상의하였기에 많이 갔어요.

스님은 정각사에 가셔서, 신도들에게 법문을 하셨나요.
● 저는 법문을 하지 않았습니다. 정각사의 법문은 주로 김동화 박사님
이 많이 했어요.

정각사의 회지인『신행불교』가 유명한데, 스님은 거기에 기고하셨습니까?
● 제가 거기에 기고를 하였는지는 잘 몰랐어요. 그런데 최근 김 교수님
이 제가 거기에 기고한「강원교육과 대학교육과의 관계」(1981. 5. 147호)
를 복사해서 주지 않았습니까? 그것은 아마 그 무렵 성라암에 비구니
대학이 개교할 때 쓴 것 같아요. 비구니대학 학장은 묘엄 스님이 맡았
는데, 개교 1년 후에 승가대에 합병되었습니다.

광우 스님은『법화경』을 갖고 널리 포교하셨지요.
● 그래요. 광우 스님은『법화경』을 갖고 포교를 많이 했습니다.『법화
경』을 번역도 했어요. 광우 스님은 정금광 스님의 법상좌입니다. 그 스
님에게 건당했어요. 비구니로서는 처음으로 건당을 하였을 것입니다.

금광 스님은 부산 소림사에서 법문을 하는데, 방광을 해서 소방대가 불이 난 줄을 알고 출동을 하였다는 스님입니다. 광우 스님이 『법화경』을 갖고 신도 포교를 한 것은 선구자로 볼 수 있습니다.

광우 스님의 부친은 혜봉 스님입니다. 관응 스님과 혜봉 스님이 인연이 있다고 알고 있습니다.
● 혜봉 스님은 아주 훌륭한 스님입니다. 관응 스님이 혜봉 스님을 존경해서 혜봉 스님(상주, 남장사) 밑에서 출가를 하려고 했는데, 집에서 가까운 곳에서 출가를 하면 안 된다고 해서 직지사 탄옹 스님을 은사로 삼아 출가하게 하였다고 그래요. 그래서 녹원 스님과 사형사제가 되었지요. 그리고 관응 스님이 일본 유학을 할 때 혜봉 스님이 장학금도 지원을 해주었다고 광우 스님이 그러시더라구요.

광우 스님과 6개월간 세계일주를 하시면서, 어떤 자극을 받으셨습니까?
● 글쎄요. 그것은 아마 안목과 견문을 넓힌 것으로 볼 수 있습니다. 세계적인 안목을 키운 것이라고 할 수 있지요. 저는 요즈음에도 TV에 나오는 〈세계테마기행〉, 〈걸어서 세계 속으로〉라는 프로를 봅니다. 전 세계를 직접 가지는 못하지만, 영상을 통해서 보는 것이지요. 일종의 무전여행이지요.

광우 스님은 운문사 강원과도 인연이 있어요. 운문사 강원의 원장으로 스님이 추대를 하셨지요.
● 처음에는 석남사 인홍 스님을 원장으로 모셨습니다. 그 후에 광우 스님을 원장으로 모셨지요. 광우 스님은 강백은 아니시지만 글도 많이

세계일주를 하였을 당시, 광우 스님과 함께 한 명성 스님.

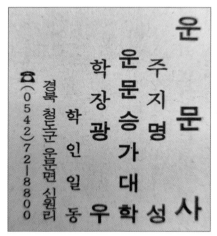

광우 스님이 운문승가대학 학장이었음을 전하는
『불교신문』 광고.

　　　　　　　명성 스님 수행록

배우시고, 나의 대학교 선배이시고 그래서 그리 한 것이지요. 총무원에 사전에 알려주지도 않고, 내 마음대로 그리했어요. 총무원에 사후 통지도 안 했어요.

광우 스님은 운문 승가 학원장 시절, 『운문회보』에 기고를 많이 하였습니다.
● 광우 스님은 운문사 학인들을 사랑하시고, 학인 지도에 관심이 많아서 그런 기고도 적극적이었습니다.

광우 스님의 후임으로 전국비구니회장을 하셨지요.
● 광우 스님 후임으로 제가 비구니회장을 두 번이나 했습니다. 지금 비구니회장의 선출은 선거로 하지만, 저는 두 번 모두 추대를 받아서 했어요. 처음에 회장으로 추대를 받을 때 서울에 있는 비구니스님들이 두 번이나 이곳에 내려와서 설득을 했어요. 그때 저는 여러 번 거절했는데, 광우 스님이 가장 강력하게 권유를 했습니다. 광우 스님이 주장이 돼서 권유를 하여 제가 수락을 했지요.

광우 스님이 입적해서 영결식 당시에, 스님께서 조사(弔辭)를 하셨지요.
● 그래요. 광우 스님은 나의 선배이자 도반이었어요. 그래서 그런 인연 내용을 잘 소개하면서 스님의 가르침, 보살행을 높이 평가하는 조사를 한 것으로 기억합니다. 그리고 말미에서 "화두를 들고 계십니까? 화두를 드세요!"라고 한 말도 생각이 나네요.

광우 스님에게 영향을 받은 점이 있다면 무엇입니까?
● 저는 여러 측면에서 선배 입장에서의 가르침을 배웠지요. 특히 온화

한 인품이 저에게 다가왔는데, 제가 비구니회장을 할 때 많은 자문을
받았습니다.

광우 스님이 한국 현대 비구니사에 기억될 점이 있다면, 말씀해 주세요.
● 광우 스님은 비구니회를 창립시켰기에 역사에 길이 남을 것입니다.
그런 측면에서 비구니회에 기여한 바가 커요. 『법화경』을 번역도 하고,
『법화경』을 갖고 포교한 것도 선구자입니다.

묘엄

그리운 도반 스님

봉녕사 주지 및 학장
한국비구니대학 학장
비구니계단 전계대화상

명성 스님 수행록

스님은 묘엄 스님을 어떤 스님이라고 보십니까?

● 묘엄 스님은 참 훌륭한 스님이었고, 저의 도반이라고 말하고 싶네요. 저와 70년 전에 통도사와 진주 연화사에서 같이 공부한 스님입니다. 세월이 유수와 같아요. 묘엄 스님이 입적한 것이 벌써 10년이 넘었습니다.

묘엄 스님은 스님과 함께 공부한 도반이시군요. 그 인연의 출발을 들려주세요.

● 묘엄 스님을 처음으로 만난 곳은 통도사입니다. 그 전에 제가 해인사 국일암에서 1952년에 출가는 하였지만, 비구니 절인 진주의 도솔암에 있으면서 연화사(진주 포교당)로 통학을 하면서 관응 노스님에게 배웠어요. 그렇게 공부를 했는데, 관응 노스님이 진주를 떠나시게 되니깐 통도사의 운허 스님에게 저를 받아서 공부를 시켜달라고 부탁하는 편지를 써 주셨습니다. 저는 관응 스님이 써준 그 편지를 들고 통도사의 운허 스님에게 가서 드렸죠. 그래서 제가 통도사 보타암에서 묘엄 스님

명성 스님과 묘엄 스님에게 경전을 가르쳐주신 운허 스님.

명성 스님 수행록

과 같이 머물면서 배우게 되었죠.

스님은 혹시 관응 스님께서 운허 스님에게 보낸 편지를 읽어 보셨습니까?
● 읽어 볼 수는 없었어요. 큰스님이 쓰신 비밀스러운 편지를 감히 읽어 볼 수는 없는 것입니다. 통도사의 운허 스님에게 인사를 드려 허락을 받고 통도사 산내 암자인 보타암에 머물면서 운허 스님에게 배웠습니다. 보타암은 비구니 암자입니다.

　　보타암에서는 나와 묘엄 스님, 묘영 스님이 한방을 쓰면서 호롱불 아래에서 힘들게 공부를 하였죠. 양식은 우리들이 자체적으로 해결하였고, 법당에서 예불을 드리고 그랬죠. 그때 경제적으로 힘이 많이 들었고, 고생을 많이 했습니다. 때로는 산에 가서 갈비(소나무 잎)를 구해서 땔감으로 썼습니다.

스님께서 운허 스님에게 배우신 것을 회고하여 주시지요.
● 보타암에 머물면서 통도사의 운허 스님 방으로 가서 배웠습니다. 오전에는 통도사에 머물던 지관 스님, 월운 스님 등 비구스님이 배웠고 그 후에 우리 비구니스님을 받아서 가르쳐 주셨어요. 지관 스님, 묘엄 스님이 똑같이 나보다 나이가 두 살이 적었어요. 제가 올해 94세이니 이 스님들은 살아 계셨으면 92세입니다. 그때 통도사에는 행자로 혜총 스님이 있었습니다. 혜총 스님이 저에게 몇 번이나 그 말을 하더라구요.

　　제가 최근에 보타암을 가보니, 우리가 배울 때와는 싹 변했더라구요. 일변(一變)을 했어요. 대웅전과 요사채를 신축해서 옛날 모습이 아니었고, 예전과는 달라요.

스님은 통도사에서 배우다가 진주 연화사로 가서 배우게 되셨지요.

● 그래요. 운허 스님이 통도사를 떠나 진주 연화사로 가시게 되었습니다. 저는 그렇게 가신 이유는 몰라요. 그래서 나와 묘엄 스님은 운허 스님을 따라 진주로 갔어요. 진주에서는 도솔암에 다시 머물면서 연화사로 통학을 하면서 사집 과정을 배웠습니다. 그때 월운 스님이 진주로 따라온 것은 제가 똑똑히 기억을 하지만, 지관 스님은 오지 않았습니다.

저와 묘엄 스님은 도솔암에 머물면서 공부를 하였는데, 그때 제가 부전을 살면서 쌀을 낸 것은 기억이 나요. 그리고 묘엄 스님의 고향이 진주이어서 묘엄 스님은 친정인 당신의 집에 자주 갔어요. 어머니 집에 왔다 갔다 했어요. 그래서 저도 따라갔어요. 그때 부산대 김용환(묘엄 스님 조카) 교수가 어린애로 기어 다니고 그랬죠.

불교정화운동 당시 스님들의 시위 장면.
명성 스님과 묘엄 스님도 시위에 참가하여 경찰서에 수감되었다.

명성 스님 수행록

진주에서 공부를 하는 도중에 불교정화운동이 일어났습니다. 스님과 묘엄 스님도 서울로 올라와서 정화운동에 참여하셨습니까?

● 그럼요. 서울에서 정화운동이 일어나자 진주에서 공부하던 스님들이 다 같이 서울로 올라갔어요. 다 같이 정화운동에 참석했지요. 진주에서 『기신론』을 배우고 있었는데, 배우다가 올라간 것이지요. 간 것은 여름으로 기억을 하는데, 날짜는 모르겠어요. 그리고 그때 운허 스님은 우리가 서울에 가는 것을 좋아하지 않았어요. 은근히 싫어하셨습니다.

　　우리 비구니들은 처음에는 선학원에 기거하다가, 나중에는 조계사로 갔어요. 조계사 뜨락에서도 잤어요. 여름이어서 그랬을 거예요. 그때 조계사 법당에서 구산 스님이 혈서를 써서 대중들에게 보여 주었던 장면을 기억하고 있습니다.

선학원에서 묘전 스님, 장일 스님 등 비구니스님을 보시지 않았나요.

● 보기는 봤죠. 묘전 스님은 묘엄 스님의 사형인데, 여기 운문사 주지를 했어요. 제가 예천 포교당에 살 적에 그 스님은 가까운 옆 동네에 살았어요. 그 후에 출가를 했지요. 그리고 장일 스님은 전 운문사 주지(운산)의 은사입니다. 그 스님은 그때 연설을 많이 하였지요. 사람들을 웃기는 언행 활동을 많이 했습니다.

정화운동이 1955년 8월 12일 승려대회로 일단락이 되었습니다. 그래서 비구승 측 스님들이 새롭게 주지로 발령을 받아 나갔습니다. 이때 비구니스님들이 개운사, 동화사, 선암사, 김룡사의 주지가 되었어요. 그런데 명성 스님은 동학사 강원으로 공부하러 가셨습니다.

● 그래요. 저는 비구니 총림이 된 동화사로 가지 않고, 대비원에서『금

강경』 공부를 했어요. 그러다가 경전 공부를 더욱 충실히 하기 위해 동학사의 김경봉 스님에게로 갔어요. 거기에서 『원각경』을 떼고 공부를 하다가, 자호 스님이 선암사로 『화엄경』을 배우러 가자고 해서 동학사에서 나왔어요. 동학사 강주인 경봉 큰스님이 저에게 전강을 시키고 입승을 시키려고 점을 찍어 놨는데, 그냥 나온 것이지요.

제가 동학사에서 배울 때는 묘엄 스님은 없었어요. 묘엄 스님은 다른 곳에서 배우다가 제가 떠난 다음에 동학사로 들어와서 경봉 스님에게 배웠습니다. 제 상좌가 한참 후에 동학사 교무를 살았는데, 예전 기록을 보니 제가 제일 상급생으로 이름이 꼭대기에 나오더래요. 제 위의 상반은 없었지요.

스님은 개운사에 머물면서 『법화경』 법문을 하셨는데, 묘엄 스님도 함께하셨다고 전하고 있어요. 그 전후 사정을 들려주시지요.

● 정화운동 이후, 개운사에는 금룡 스님이 주지로 계셨어요. 그때 개운사에는 김일엽 스님이 계셨고, 그 상좌인 월송 스님이 일엽 스님의 시봉을 하고 있었습니다. 월송 스님은 그 후에 동국대학을 다녔죠. 그런데 개운사에서 『법화경』 산림 법회가 있었는데 비구니 3대 법사인 금룡 스님, 혜옥 스님, 수옥 스님이 번갈아 가면서 법문을 했습니다. 그런데 1주일이 되었는데도 다 못해서, 하지 못한 남은 것을 나와 묘엄 스님이 받아서 했어요.

그런 법회가 있었군요.

● 그러고 나서, 언제인지 그 시점은 생각이 나지 않는데 선학원에서 『법화경』 산림을 또 하게 되었어요. 그것을 하게 된 것에는 성남호텔

사장인 대보화 보살의 원력이 작용을 했습니다. 그 보살이 마야부인회 회장을 했거든요. 마야부인회는 선학원을 거점으로 활동을 해서, 그 법회가 열렸을 것입니다. 하여간 그 보살이 발기를 해서 1주일을 했어요. 그런데 대중이 많이 모여서 마지막 날에는 조계사 법당에서 했습니다. 제가 마지막 날 조계사 법당에서 법문을 할 때 종단의 회의를 마친 비구 큰스님들이 와서 들었습니다. 그때 법문을 한 장면이 『불교신문』에 나와서, 김 교수님이 복사해서 저에게 가져오지 않았습니까?

『대한불교』(1960. 8. 3) 보도에 의하면 『법화경』 법회(1960. 7. 11~17.)는 비구니스님의 강원이 있었던 선암사와 동학사가 합동으로 주최한 것으로 나와요.

● 그래요? 저는 세월이 오래되어서 그 전후 사정은 다 잊어버렸어요.

1981년에 진관사에서 비구니스님, 계율 특강을 할 때 묘엄 스님과 같이 배운 것이 기억이 나시지요.

● 그럼요. 그것은 석남사에서 인홍 스님의 주재로 열린 중견 비구니스님 모임에서 비구니들도 계율을 배우자고 결정을 해서 열린 것입니다. 자운 스님이 증명이었고, 지관 스님이 강의를 했습니다. 그때 진관사에서 열흘간 계율 공부를 묘엄 스님과 같이 했습니다. 그때 비구니스님 50여 명이 배웠고, 자운 스님이 나와 묘엄 스님에게 비구니계단의 책임자(아사리)로 임명을 해주셨지요.

1981년 3월에 서울 성라암에서 비구니대학이 개교하였는데, 묘엄 스님이 그 대학의 학장으로 추대된 것으로 알고 있습니다. 이에 관련된 스님의 내용을 회고하여 주세요.

● 묘엄 스님의 학장 추대는 비구니스님들이 한 것입니다. 추대를 했는데, 처음에는 묘엄 스님이 안 한다고 그랬어요. 그래서 대구에 사는 태호 스님과 제가 봉녕사에 가서 학장을 하라고 권유를 했습니다. 그래서 했어요. 비구니대학은 1년을 하다가, 그때 사정에 따라서 중앙승가대에 합병이 되었어요.

1998년 가을, 해인사에서 비구니 별소계단의 강의 문제로 비구 율사 스님들과 논쟁이 있었습니다. 그로 인해 기존 비구니 율사에서 비구 율사가 가르치게 되었지요. 이 사건으로 인해 묘엄 스님은 충격을 받고 비구니 율사를 양성하기 위해 금강율원을 세웠습니다. 그날의 장면이 기억이 나시지요.

● 저도 기억하고 있어요. 그 모임에 저하고, 묘엄 스님과 광우 스님이

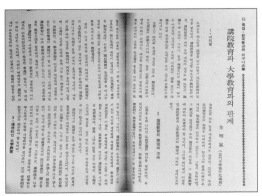

묘엄 스님이 한국비구니대학(서울 성라암)의 학장으로 취임할 때
명성 스님이 기고한 글(『신행불교』 147호, 1981년)

있었어요. 비구스님은 일타 스님과 종진 스님이 있었을 것입니다. 그때 종진 스님이 별소계단에서 비구니스님이 설명을 하던 것을 비구스님이 하겠다고 그랬어요. 그래서 저는 비구니 계율 384개는 비구니들이 그 내용을 잘 알기에 비구니스님이 설하는 것이 맞다고 했어요. 그때 묘엄 스님도 강력하게 이의를 제기하고 비구니스님이 해야 한다고 주장했습니다. 종진 스님은 비구니를 업신여기는 말씀을 했어요. 하여간 우리 비구니들은 비구니 계율은 비구니가 설명하는 것이 타당하다고 주장했어요.

그리고 그런 사태가 일어난 것은 비구니 강사 협회의 회장을 보았던 청암사의 지형 스님이 그때 심도 깊게 비구스님들에게 반항하는 글을 썼어요. 지형 스님은 평소 바른말을 했는데, 그 글이 화가 되어 괘씸죄로 일어난 것으로 알고 있어요.

그랬군요. 그 후, 지관 스님이 총무원장이 되어서 본래대로 복구가 되었지요.
● 맞습니다. 일타 스님과 자운 스님은 비구니스님들을 아꼈어요. 자운 스님의 상좌인 지관 스님은 우리 비구니들의 간청을 받아서 복구를 시켰어요. 나와 묘엄 스님이 지관 스님에게 사미니계와 비구니계는 마땅히 비구니들이 설(說)해야 한다고 주장을 했어요. 지관 스님은 강사였기에 나와 잘 통하고, 비구니들의 의견을 잘 들어주셨습니다.

스님이 가꾼 운문사 강원과 묘엄 스님이 가꾼 봉녕사 강원은 정체성과 지향이 약간 다릅니다. 이에 대해서는 어떤 견해를 갖고 계십니까?
● 묘엄 스님은 봉녕사 강원에서 전통을 고수하였습니다. 전통 계승이

얼마나 좋습니까? 그러나 저는 청룡사 시절부터 교재의 개편을 하였어요. 그래서 고익진 교수님, 김영태 교수님을 초청하여 강의를 부탁했어요. 운문사에 와서는 교재 개편을 더욱 단행했습니다. 불교미술, 사군자, 한문 등의 과목을 포함시켰어요. 황수영, 문명대 교수님들을 초청하여 학인들을 가르치도록 하였지요. 제가 1주일에 한 번씩 학인들에게 가곡도 가르쳐 주었어요. 그러니깐 저는 새로운 교재로 학인들을 가르쳤기에 교육 혁신을 한 셈이지요. 저는 새로운 것을 가미시켰어요. 이런 것이 다를 것입니다.

해방 70년 비구니 역사에서 스님과 묘엄 스님은 쌍두마차와 같은 위상을 지녔다는 평가가 있습니다. 이런 평가를 어떻게 보십니까?
● 그래요? 제가 나의 평가에 대해 언급하는 것은 적절하지 않습니다. 제삼자들이 그런 말을 한다고 하니 일단 믿어야 하겠지만, 이런 것은 후대에 역사가 평가할 것이라고 봅니다.

스님께서는 묘엄 스님의 영결식에서 비구니스님을 대표하여 조사(弔辭)를 하셨어요. 그 당시 소회는 어떠하셨나요.
● 묘엄 스님이 더 오래 살았으면 좋았을 터인데, 그리고 살아 계실 때 더 잘 해주어야 하는데 하는 마음이 있었지요. 같이 공부하던 도반으로서 진한 아쉬움이 있었습니다. 운허 스님, 경봉 스님에게 함께 배우지 않았습니까? 제가 너무 냉철하게 대하지 않았나 하는 생각도 들었어요.

요즈음에도 묘엄 스님의 생각이 나시나요.
● 그럼요. 진주 도솔암, 통도사 보타암에서 같이 배우던 도반이 아닙니

까? 최근에는 묘엄 스님이 나의 꿈에 나타났어요. 묘엄 스님을 제가 안고 있는데, 열반을 하더라구요. 나에게 기대서 갔어요. 그러니 보통 인연이 아닌 것입니다.

귀한 증언, 감사드립니다.
● 세월이 너무 갔어요. 코로나가 아직도 극성인 이때 이곳까지 와서 제 말을 들어 준 것에 감사드립니다. 김 교수님은 비구 큰스님들의 증언 채록을 모아서 책을 낸 경험이 많으니 이제는 비구니스님들의 자료들을 모아 주세요. 이런 작업이 비구니스님들의 역사 창조의 기반이 됩니다.

부록

1930년	경북 상주에서 아버지 전재영(全在英),
	어머니 정오종(鄭五終)의 장녀로 출생
1948년	강릉여자고등학교 졸업
1949년	강릉 강동초등학교 교사 취임
1952년	합천 해인사 국일암에서 선행 스님을 은사로 득도(得度)
1956년	동학사 강원, 사교과 졸업
1958년	전남 승주 선암사 강원에서 대교과 졸업,
	성능 조실스님으로부터 전강, 동 강원에서 3년간 강의
1961~1970년	서울 청룡사에서 10년간 강의
1965년	동국대학교 불교학과 졸업
1966년	대한민국 미술전람회에서 서예부 입선
	동국대학교 서예전 총장상
1967년	해인사 감로계단에서 자운 화상을 계사로 비구니계 수지
1970년	동국대학교 대학원에서 「初能變識의 研究」로
	석사학위 취득
1970~1989년	대한불교조계종 제3, 4, 5, 8, 9대 조계종 중앙종회 의원
	역임
1970년	청도 운문사승가학원 강주 취임

1974년	동국대학교 대학원에서 불교학과 박사과정 수료
1975년	세계불교도우의회 한국이사 위촉
1975~1976년	원시불교 연구차, 동남아 불교국 순례 및 유럽 미국 등 순방(약 6개월간)
1977~1998년	운문사승가대학장 및 제8, 9, 10, 11, 12대 운문사 주지 겸임
1980~2000년	비구니 별소계단 갈마아사리 및 교수아사리 역임 1987년 '운문사승가학원'이 '운문사승가대학'으로 개칭됨에 따라 학장으로 취임
1988~1989년	경북대학교 사범대학 국민윤리학과 외래 강사 역임
1989~2002년	서울 목동 청소년회관 운영위원장 역임
1989~2003년	대한불교조계종 전국비구니회 부회장 역임
1990년	중국 불교 성지순례(32일간)
1991년	대한불교조계종 제4회 포교대상 수상
1993년	미국 시카고, 세계 종교지도자대회 참석
1995년	국제난민돕기 캄보디아·태국 방문
1997년	운문사승가대학원장 취임
1998년	동국대학교 대학원에서 철학박사 학위 취득

2000년	환경부 장관, 특별공로상 수상
2001년	대한불교조계종 구족계 화상 전계사 위촉
	스리랑카 'Sasana Kirthi Sri' 공로상 수상
2003년	대한불교조계종 전국비구니회 제8대 회장 취임
	법계장학회 설립
2004년	세계여성불자대회 한국 개최시 회장 역임
	일맥재단 사회봉사상 수상
2007년	대한불교조계종 전국비구니회 제9대 회장 취임
	대한불교조계종 명사 법계 품서
	동다송문화원 장수다인상 수상
2008년	UN 국제여성의 날, '탁월한 불교여성상(OWBA)' 수상
	태국 마하출라롱콘라자위달라야대학 명예 박사학위 수상
2009년	단종문화제 '정순왕후 비구니 허경 스님 추모제' 참석(축사)
2010년	운문사 한문불전대학원 원장 취임
	대만 공승제 참석(축사)
2011년	제9차 대원상 승가부문 포교대상 수상
2013년	법륜비구니 장학회 설립
	운문사 회주 취임
2016년	대한불교조계종 전국비구니회 원로의장 취임
	법계문학상 설립
2017년	승가교육과 전법교화에 헌신한 수행자의 표상,
	공로상 수상
2019년	『법계명성 전집』(20권) 발간

비문

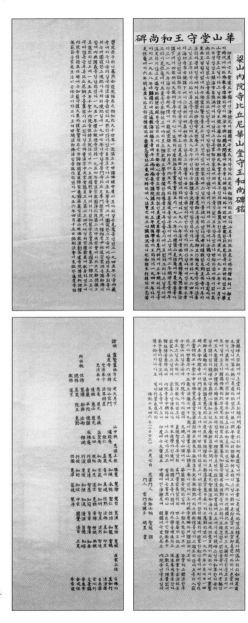

내원사 수옥 스님 비문
(지관이 짓고 명성이 쓰다)

명성 스님 수행록

서봉사사적비 비문 (운허가 짓고 명성이 쓰다)

번호	상패 명	수상 일자	수여처
1	감사패	1990. 11. 3.	강릉여자고등학교
2	기념패	1992. 8. 15.	'65東佛會 會員 一同
3	감사패	1993. 5. 16.	會員 一同
4	감사패	2000. 10. 15.	강릉여자고등학교 총동문회
5	Honorary title of Sasana Kirthi Sri	2001. 4. 8.	SRILANKA SARVODAYA BHIKKHU CONGRESS
6	자랑스런 석림동문상	2002. 12. 12.	동국대학교 석림동문회
7	감사패	2003. 5. 10.	불교학연구회
8	第7回 一麥文化大賞	1990. 11. 3.	財團法人 一麥文化財團
9	동다송문화상	2006. 7. 31.	社團法人 東茶頌文化會 ·文化院
10	Outstanding Women in Buddhism Awards 2008 (탁월한 여성상)	2008. 3. 6.	The United Nations International Women's Day Bangkok, Thailand
11	The Honorary Doctorate Degree on Venerable Dr. Myung Sung	2008. 5. 11.	Mahachulalongkornrajavidyalaya University Council. Thailand.
12	감사패	2010. 11. 11.	대한불교조계종 불교여성개발원
13	표창패	2010. 11. 19.	대한불교조계종 총무원장 자승
14	대원상	2011. 9. 23.	대한불교진흥원
15	감사패	2011. 11. 21.	대한불교조계종 군종특별교구장 자광
16	공로패	2012. 5. 4.	대한불교조계종 총무원장 자승
17	감사패	2016. 9. 22.	동국대학교 의무부총장겸 의료원장
18	명예로운 佛敎學科 同門牌	2017. 5. 27.	동국대학교 불교학과 동문회장 김용표
19	동국아너스(핸드프린팅)	2017. 12. 8.	동국대학교 경주캠퍼스
20	표창패	2017. 12. 19.	대한불교조계종 총무원장 설정
21	감사패	2018. 6. 25.	사회복지법인 승가원
22	자랑스런 석림동문인상	2018. 11. 13.	동국대학교 석림동문회장 성우
23	예모	2019. 12. 15.	육군3사관학교
24	감사패	2020. 11. 20.	대한불교조계종 불교여성개발원
25	공로패	2023. 4. 25.	대한불교조계종 전국비구니회

명성 스님 수행록

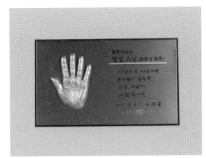

명성 스님 수행록

명성 스님 수행록

여행일기 수첩

세
계
여
행
개
요

여권		국 가	횟수	년도	체류 기간	비고
여권 ❶ 18개국 18회	1	미얀마	①	1975	12/18~30	
	2	인도	①	1976	1975. 12/30~ 1976. 1/3	
	3	네팔(카트만두)	①	〃	1/4~9	
	4	인도	②	〃	1/9~27	
	5	스리랑카(마드라스)	①	〃	1/27~2/5	
	6	싱가폴(pass)	①	〃	2/5~8	
	7	인도네시아(자카르타)	①	〃	2/8~15	
	8	싱가폴	②	〃	2/15~16	
	9	말레이시아(쿠알라룸프)	①	〃	2/16~23	
	10	태국	①	〃	2/23~3/5	
	11	이탈리아	①	〃	3/8~10	
	12	스위스	①	〃	3/10~19	
	13	영국	①	〃	3/19~	
	14	독일	①	〃	~	
	15	프랑스	①	〃	~3/23	
	16	미국	①	〃	3/23~4/21	
	17	캐나다	①	〃	4/21~5/21	
	18	일본	①	〃	5/21~6/1	
여권 ❷ 2개국 5회		중국	① ②	1989 1992	12/7~13 1/17~21	
		홍콩	① ② ③	1990 1990 1990	5/26~27 5/27~28 6/25~26	

여권 ❸ 9개국 10회	미국	②	1993	8/20~	
	캐나다	②	″	8/24~	
	뉴질랜드	①	″	12/8~	
	호주	①	″	12/9~12	
	캄보디아	①	1995	1/20~23	
	태국	② ③	″	1/18~20 1/23~28	
	호주	②	″	5/7~12	
	일본	②	1999	2/8~13	
	중국	③	2000	4/20~28	
여권 ❹ 6개국 8회	러시아	①	2000	9/5~11	
	미국	③	2003	7/31~	
	일본	③ ④ ⑤	2003 2004 2006	10/28~11/2 6/8~12 5/17~21	
	몽골	①	2004	6/3~	
	태국	④	2006	5/6~12	
	말레이시아	②	2006	6/16~25	
여권 ❺ 13개국 17회	독일	②	2007	7/17~21	
	태국	⑤ ⑥	2008 2011	3/5~9 6/11~19	
	중국	④	2008	4/10~12	
	베트남	①	2008	5/13~18	
	일본	⑥	2008	6/9~13	
	몽골	② ③	2008 2008	6/30~11 7/19~20	
	러시아	② ③ ④	2008 2010 2012	7/11~19 9/5~11 8/11~16	
	홍콩	④	2010	8/26~31	
	일본 홋가이도	⑦	2014	2/6~9	
	덴마크	①	2016	5/18~20	
	노르웨이	①	2016	5/20~24	
	스웨덴	①	2016	5/24~25	
	핀란드	①	2016	5/25~26	

여권 ❻ 16개국 16회	베트남(동문회 주최)	②	2016	10/12~16	
	체코	①	2017	8/9	
	슬로바키아	①	2017		
	헝가리	①	2017		
	크로아티아	①	2017	8/13	
	슬로베니아	①	2017	8/15~16	
	오스트리아	①	2017	8/16~18	
	중국(구화산)	⑤	2018	10/22~27	
	스페인 ─ 바르셀로나, 타리파	①	2019	5/16~19	
	스페인 ─ 마드리드	①	2019	5/24~25	
	모로코	①	2019	5/19~22	
	포르투갈	①	2019	5/22~24	
	두바이	①	2019	5/26	
	터키	①	2020	1/29~30, 2/5~10	
	그리스	①	2020	1/30~2/2	
	이집트	①	2020	2/2~5	
총계	41개국	74회			

순방 국가

북미	미국, 캐나다
오세아니아주	호주, 뉴질랜드
동남아시아	미얀마, 인도, 네팔, 스리랑카, 싱가폴, 인도네시아, 말레이시아, 태국, 일본, 중국, 홍콩, 캄보디아, 베트남
중앙아시아	몽골
동유럽	러시아, 체코, 슬로바키아, 헝가리, 오스트리아
서유럽	영국, 프랑스, 독일, 스위스
남유럽	스페인, 포르투갈, 이탈리아, 그리스, 터키, 슬로베니아, 크로아티아
북유럽	스웨덴, 덴마크, 노르웨이, 핀란드
중동	두바이
북아프리카	모로코, 이집트
총	41개국

명성 스님

청도 운문사 회주 및 한문불전대학원 원장. 1952년 합천 해인사 국일암에서 선행 스님을 은사로 득도했으며, 운문사 승가대학장 및 주지, 비구니 별소 계단 갈마아사리 및 교수아사리, 전국비구니회 회장 및 원로의 장을 역임했다. 대한불교조계종 포교대상, UN 국제여성의 날 '탁월한 불교여성상(OWBA), 대원상 포교대상 등을 수상했다.

저자 김광식

동국대학교 특임교수. 독립기념관 책임연구원, 부천대 교수, 만해마을 연구실장, 만해학회 회장, 한국정토학회 회장을 역임했다. 『한국 근대불교사 연구』, 『한국 현대불교사 연구』 등 40여 권의 저서가 있으며 유심 작품상(학술), 불교평론 학술상을 수상했다.

명성 스님 수행록
ⓒ 김광식, 2023

2023년 5월 25일 초판 1쇄 발행

지은이 김광식
발행인 박상근(至弘) • 편집인 류지호 • 상무이사 김상기 • 편집이사 양동민
편집 김재호, 양민호, 김소영, 최호승, 하다해 • 디자인 쿠담디자인
제작 김명환 • 마케팅 김대현, 이선호 • 관리 윤정안
콘텐츠국 유권준, 정승채
펴낸 곳 불광출판사 (03169) 서울시 종로구 사직로10길 17 인왕빌딩 301호
      대표전화 02) 420-3200 편집부 02) 420-3300 팩시밀리 02) 420-3400
      출판등록 제300-2009-130호(1979. 10. 10.)

ISBN 979-11-92997-16-2 (03220)

값 25,000원